KB273918

다시,
초|격|차

다시,
초 | 격 | 차

권오현 지음

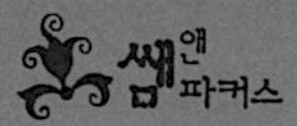

| 차례 |

1부
제도-조직의 주춧돌

1장 · 제도가 조직을 완성한다

2장 · 제도가 조직문화를 결정한다

2부
리더-조직의 기둥

3장 · 리더는 현재를 넘어 미래를 준비해야 한다

4장 · 리더는 관리자가 아닌 경영자가 되어야 한다

왜 어떤 기업은 몰락하고 어떤 기업은 살아남는가?

"경영을 잘하려면 어떻게 해야 할까?"

시대나 분야에 상관없이 조직을 맡고 있는 리더라면 누구나 갖고 있는 고민입니다. 1997년 초에 저는 메모리사업부에서 시스템반도체(비메모리)사업부로 전보 조치를 받았고, 하반기에는 대형 적자로 사업 철수가 검토되던 LDI LCD-Driver-IC 사업팀을 우연히 맡게 되었습니다. 그동안 연구개발만 해보았지, 사업 경험은 전혀 없었습니다. 연구자에서 경영자로 변신하는 인생 최대 변곡점의 순간이었지만 아무런 준비가 되어 있지 않은 상태였습니다. 게다가 흑자전환이 안 되면 팀이 해체될 것이 뻔한 절박한 상황에서 어떻게든 적자 상태에서 벗어나는 것이 급선무였습니다.

적자의 원인이 무엇인지, 타깃 시장을 어디로 설정해야 할지, 어떤 기술과 제품을 개발해야 할지, 조직은 어떻게 구성해야 할지, 고객에게 무엇을 어떻게 판매할지 관련된 분야에 대한 지식과 경험이 부족한 초보 경영자였지만, 사업 책임자로서 필요한 결정을 내려야만 했습니다. 이전에는 상사의 지시와 관리에 따라 일만 하면 되었지만, 이제는 제가 모든 것을 결정해야 했습니다. 고생과 고민의 연속이었으며, 스스로 생각하고 판단해 결정하고 계획하고 실행하는 경영의 기본을 익혔던 시간이었습니다.

처음 맡았던 사업팀은 다행히 2년 차부터 적자에서 벗어났고, 3년 차에는 시스템반도체사업부에서 흑자를 가장 많이 내는 효자 사업으로 성장했습니다. 이렇게 퇴출 직전의 적자 사업을 회생시킨 후, 순차적으로 시스템반도체사업부에 이어 메모리사업부 전체를 맡게 되면서 반도체 사업의 총책임자가 되었습니다.

양 사업부 모두 경영 상황이 어려울 때 제가 맡게 되었지만, 다행히 이전에 적자 사업을 정상화했던 경험이 큰 힘이 되었습니다. 이후에도 여러 적자 사업부와 회사를 연이어 책임지면서 사업마다 부딪히는 문제도 달랐고 시행착오도 적지 않았습니다. 하지만 그런 과정을 거치며, 각 사업의 특성에 맞는 전략과 운영 방식이 따로 있다는 사실을 체득하게 되었고, 저만의 경영 원칙과 접근법도 조금씩 자리를 잡아갔습니다. 연달아 위기 사업을 맡게 되면서 부담감이 앞선 적도 많았고, 녹록지 않은 상황이 반복되기도 했습니다. 하지만 오히려 그 덕분에 누구의 간섭도 받지 않고 제 방식대로 시도해 볼 수 있었고, 스스로 판단하고 실행하는 힘을 키우는 계기가 되었습니다. 돌이켜보면 제 생각과 아이디어를 과감히 시도해 보면서 결단력과 실행력을 키울 수 있었던 것은 행운이었습니다.

2017년 10월 현업에서 내려온 후, 직원들이 후배 교육용 '경영 매뉴얼'을 만들어달라는 요청을 했습니다. 제 경영 스타일이 과거 다른 상사들의 일하는 방법과 상당히 달랐지만, 업무 효율과 성과 측면에서는 더 좋았다고 느낀 모양입니다. 그래서 경험을 바탕으로 저의 경영 철학과 노하우 그리고 원칙을 정리한 책이 바로 《초격차》였습니다. 출간된 이후 많은 분이 책 내용에 공감하고 호응해주셨습니다. 그래서인지 각계각층 분들의 요청으로 경영에 관해 대화할 기회가 더욱 많아졌고, 주고받았던 질문과 답변을 일부분 정리한 책이 《초격차: 리더의 질문》이었습니다.

그런데 최근에는 경영자뿐만 아니라 일반인으로부터도 다른 차원의 질문을 많이 받게 되었습니다. 예전에는 주로 "경영을 잘하려면 어떻게 해야 하는지?"에 관한 질문이었다면, 요즈음에는 "잘

나가던 회사가 왜 갑자기 쇠퇴하게 되는지?"라는 의문이 많아졌습니다. '초격차' 경지에 이르렀던 인텔이나 삼성전자 반도체 사업이 갑자기 쇠락하는 모습을 보았기 때문입니다. 잘나가던 시절의 인재도 그대로고, 조직에도 큰 변화가 없는데, 단순히 CEO 한 명만 바뀌었다고 단기간에 경영 상태가 어려워졌습니다. 이 차이는 도대체 어디서 오는 걸까요? 그런 물음이 제 주변에서 터져나오기 시작했습니다.

창업보다 수성이 더 어렵다고 하듯이, 초격차를 달성하는 것보다 유지하는 게 더 어렵습니다. 왜 그럴까요? 저도 나름대로 분석하기 시작했고, 다시 한 번 책을 써야겠다고 생각하게 되었습니다. 이제는 더 본질적인 질문을 던져야 할 때라고 느낀 것이지요.

리더십에 따라 성공과 실패가 결정된다

경영이란 어떤 것이기에 리더의 역량에 따라 이렇게 차이가 날까요? 경영 활동은 네 부분의 영역, 즉 인풋input, 아웃풋output, 시스템system과 상황circumstance으로 분류되고 서로 영향을 미치면서 작동한다고 볼 수 있습니다. '인풋'은 인재, 자본, 투자와 같은 투입 자원이고, '아웃풋'은 목표로 설정한 제품과 서비스, 매출과 이익 등 그 결과물입니다. 시스템은 이러한 인풋을 아웃풋으로 전환하기 위한 조직, 인프라, 전략을 말하고, 상황은 국가의 법률과 제도, 국제정세, 기술 변화, 사회·문화의 변화와 같은 외부 환경을 의미합니다. **경영은 최소의 '인풋'으로 최대의 '아웃풋'을 내는, '상황'에 맞는 최적의 '시스템'을 설계하고 실행하는 것입니다.** 이를 진두지휘하는 사람이 바로 조직의 리더인 CEO입니다. 다시 말해 '아웃풋'을 결정하고 이를 달성하기 위한 '인풋'을 조정하며, '시스템'을 설계·운영하여 결과에 모든 책임을 지는 최고경영자입니다.

경영에는 정답이 없습니다. 경영은 상황에 맞게 자신에게 적합한 방법을 찾는 과정입니다. 스포츠 구단의 감독들이 승리를 위해서 구사하는 전술이 상황에 따라 제각각인 것과 같습니다. 그래서 경영자는 사업이나 프로젝트를 시작하기 전에 제일 먼저 해야 할 일이 상황을 파악하는 것입니다. 경영에 가장 큰 영향을 미치기 때문입니다.

내부 상황은 상대적으로 쉽게 파악되고 알맞은 조치를 취할 수 있지만, 외부 상황은 대부분 자기 통제 밖에 있기에 항상 관찰하고 있어야 합니다. 겉보기에 큰 변화가 없어 보이지만, 실제로는 항상 바뀌고 있습니다. 게다가 최근에는 급변하고 있습니다. 문제는 리더들이 상황 변화를 인지하지 못하거나 인지하고도 제대로 대응하지 못한다는 데 있습니다.

변화에 적절히 대응하지 못한 기업은 그대로 도태됩니다. 생명체가 주위 환경에 적응하지 못하면 멸종되는 진화론의 논리가 여기에도 적용됩니다. 결국 성공과 실패를 좌우하는 것은 리더들이 상황 파악을 얼마나 잘하고, 어떻게 대응했느냐에 달려 있습니다. 그래서 경영자들은 항상 상황을 관찰하는 습관을 길러야 합니다. **조직에서 가장 중요한 일은 상황 파악을 제대로 할 수 있는 리더를 선발하는 것입니다.**

그런데 왜 그런 리더를 선발하지 못할까요?

오판은 실패를 남기고, 통찰은 성공을 부른다

기업 경영에서 리더의 잘못된 상황 판단으로 회사가 무너진 사례는 셀 수 없이 많습니다. 코닥은 세계 최초로 필름 없이 사진을 찍는 디지털카메라를 개발한 회사였습니다. 그러나 당시 기술로는 화질이 충분하지 않다는 이유로 시장성이 없다고 판단했고, 기존의 필름 사업이 잘되고 있었기에 거기에만 집중했습니다. 반면 일본 기업들은 디지털카메라의 가능성을 보고 지속적으로 기술을 발전시켰고, 결국 필름만큼 화질이 뛰어나고 편리한 제품을 만들어 냈습니다.

필름 카메라는 사진을 보기 위해 복잡한 현상과 인화 과정을 거쳐야 했지만, 디지털카메라는 찍는 즉시 확인할 수 있었습니다. 이로 인해 전 세계 카메라 시장의 패러다임이 완전히 바뀌었습니다. 더는 필름이 필요하지 않게 된 것입니다. 변화의 방향을 제대로 읽지 못한 코닥은 디지털 전환의 흐름에서 밀려나며 쇠퇴의 길을 걷게 됩니다.

노키아는 2000년대 중반까지 휴대폰 업계 세계 1위였습니다. 시장 점유율이 40% 가까이 되는 엄청난 회사였습니다. 노키아는 아이폰이 처음 나왔을 때, 스마트폰 시장은 당분간 성장성이 높지 않다고 생각하고 자신들이 압도적 시장 점유율을 가졌던 피처폰에만 집착합니다. 그런 노키아가 몰락하는 데는 겨우 3년밖에 걸리지 않았습니다.

소니는 한때 세계 TV 시장을 평정했지만 2000년대 중반부터 브라운관 TV가 평판 디지털 TV로 전환되고 있다는 상황을 무시한 결과, 이제는 존재감이 없습니다. 상황 파악을 제대로 하고 준비하지 않으면 대기업들도 별수 없습니다.

상황을 잘 파악해 성공한 기업도 물론 많습니다. 아마존을 창업한 제프 베이조스는 PC에 인터넷이 도입되면서 데이터 트래픽이 급증하는 것을 보고 온라인 사업을 구상했습니다. 처음에는 서점으로 시작했지만, 지금은 모든 품목을 취급하며 세계 유통업계의 최강자가 되었습니다. 그리고 고객과 반복적으로 데이터들을 처리하면서 얻은 노하우를 기반으로 클라우드 서비스를 구축했습니다. 이렇게 만들어진 것이 AWS Amazon Web Services입니다. AWS는 별도의 사업으로 성장해 아마존의 중요한 수입원이 되었습니다. 상황을 잘 판단한 것이죠.

코로나 백신으로 유명한 모더나도 성공한 경우입니다. 이 회사는 원래 바이오 기술을 이용해 암이나 희귀병 치료제를 개발하던 벤처기업이었습니다. 코로나 팬데믹이 발생하자, CEO는 개발하던 기술을 활용해 우선 백신을 만드는 방향으로 사업을 급선회했습니다. 그 결과 모더나는 단기간에 세계적인 기업으로 성장했습니다.

마이크로소프트의 부활,
인텔의 추락

PC에 사용되는 OS(운영체제)와 CPU(Central Processing Unit, 중앙처리장치)로 오랫동안 시장을 독점했던 마이크로소프트와 인텔은 그야말로 누구도 넘볼 수 없는 '초격차'를 달성했던 회사였습니다. 두 회사 모두 한때 성장이 정체되었지만, 최근에는 상반된 모습을 보여주고 있습니다. 마이크로소프트는 PC 시대에서 모바일 시대로 전환되는 시장에 제대로 대응하지 못하고 쇠락하고 있었지만, CEO가 사티아 나델라Satya Nadella로 교체되면서 클라우드 중심의 사업 구조로 대대적인 전환을 단행했습니다. 그 변화는 단순한 사업군 조정이 아니라, 조직 전체의 사고방식과 사업 방향을 송두리째 바꾸었습니다. 그 결과 마이크로소프트는 다시 세계 시가총액 상위권으로 복귀하는 기적 같은 부활을 이루어냅니다.

반면 인텔은 변화의 물결을 끝내 읽어내지 못했습니다. 모바일 시대가 되었을 때 상황 오판으로 쇠락하기 시작했고, AI 시대로 전환되고 있는 현재도 적절히 대응하지 못해 전성기의 모습을 잃고 방황하고 있습니다. 결국 성장은 정체되고, 기술 경쟁에서도 뒤처졌습니다. 이 두 기업의 운명을 가른 것은 무엇일까요? 인텔의 구성원들이 갑자기 업무를 소홀히 하거나 능력이 떨어졌을 리는 없습니다. 마이크로소프트의 구성원들이 갑자기 일을 더 열심히 하거나, 새로운 아이디어가 돌연 생긴 것도 아닐 겁니다. 그렇다면 그 격차는 어디서 비롯되었을까요?

마이크로소프트는 리더 한 명을 통해 기업 체질을 바꾸며 부활했고, 반대로 인텔은 변화를 읽지 못한 리더십 때문에 정체와 쇠퇴를 겪었습니다. 최근 삼성전자 반도체 사업 역시 비슷한 상황에 놓여 있다고 봅니다. 결국 중요한 것은, 리더가 변화의 본질을 감지하고 적절히 대응하느냐 하는 것입니다.

조직의 목표는 단기적으로는 '생존'이고 장기적으로는 '지속 성장'입니다. 조직은 생명체와 같습니다. 생명체는 우선 개체個體가 살아남아야 하고, 종種이 유지되기 위해서는 번성해야 합니다. 조직도 마찬가지입니다. 단기적으로는 '생존'을 확보하고, 장기적으로는 '지속 성장'을 이뤄야 합니다. 이 두 조건을 모두 만족해야만 올바른 경영이라 할 수 있습니다. 회사가 적자 상태에 놓이는 것은 물론 문제지만, 흑자를 내고 있더라도 지속 성장을 이루지 못한다면 바람직한 경영이라고 보기는 어렵습니다. 결국 경영에서 더 중요한 것은 지속 성장입니다.

가정에서 자식들이 더 잘되는 게 모든 부모의 바람이듯, 기업이나 국가도 미래에 더 발전하고 성장하는 것이 목표입니다. 단기적으로는 성공했지만 얼마 지나지 않아 망한다면 아무런 의미가 없습니다. 그렇다면 조직이 어떤 조치를 해야 지속 성장을 할 수 있을까요? 이 문제를 풀기 위해 저는 다시 세계를 바라보게 되었습니다. 그리고 자연스럽게 한 국가에 주목하게 되었습니다.

왜 미국만 예외적으로 성장하는가?

최근 전 세계적으로 기업 경영 환경이 극도로 악화되고 있습니다. 2008년 미국에서 시작된 금융위기의 여파가 채 가시기도 전에, 또 다른 위기가 이어졌습니다. 트럼프 행정부 1기부터 시작된 미·중 간 무역 갈등은 트럼프 2기 들어 본격적인 관세 전쟁으로 번졌습니다. 코로나 팬데믹, 러시아-우크라이나 전쟁, 이스라엘과 중동 국가 간의 지정학적 충돌도 겹쳤습니다. 이처럼 예측 불가능한 사건들이 연이어 발생하며, 세계는 불확실성과 불안정이 일상화된 시대에 들어섰습니다. 그 속에서 기업을 경영한다는 것은 점점 더 어려운 과제가 되고 있습니다. 우리나라도 예외는 아닙니다.

지난 20년간 한국의 잠재 성장률은 정권마다 1%포인트씩 떨어졌고, 이제는 1%대에 머물고 있습니다. 머지않아 0%대에 진입할 것이라는 우려도 나옵니다. 경제가 점점 활력을 잃으면서, 현재가 한국 경제의 정점이라는 의미인 피크코리아Peak Korea라는 자조적인 이야기도 나옵니다. 일각에서는 저성장의 원인을 저출산과 고령화에서 찾지만, 저는 경제의 역동성 부족이 더 본질적인 문제라고 생각합니다. 기존 대기업들이 더 이상 혁신하지 않고, 새로운 산업을 이끌어갈 신생기업이 좀처럼 등장하지 못하고 있기 때문입니다.

그런데 지난 10여 년간 세계 경제의 흐름을 보면 선진국 중에서 유일하게 지속적인 성장을 이어온 나라는 미국입니다. 건국 이후 250년 가까운 시간 동안 성장을 멈추지 않은 거의 유일한 국가이기도 합니다.

최근의 세계 최고 기업들도 스타트업에서 성장한 미국 회사들이 대부분입니다. 구글, 마이크로소프트, 아마존, 애플, 메타, 넷플릭스, 엔비디아, 테슬라, OpenAI 등은 모두 미국 신생기업들이며, 제4차 산업혁명 시대의 주도권을 쥐고 세계 경제를 이끌고 있습니다. 물론 중국에도 뛰어난 빅테크 기업들이 있지만, 글로벌 영향력 측면에서 아직 미국 기업에는 미치지 못합니다. 미국만 예외적으로 신산업과 신생기업이 계속 생겨나고 있으며, 국가적으로도 지속 성장하고 있습니다. 그렇다면 왜 미국만 이런 예외적인 성장을 이어가는 걸까요? 국민이 특별히 더 똑똑해서일까요? 국토가 넓고 지하자원이 풍부해서일까요?

그렇다고 보기 어렵습니다. 비슷한 조건을 가진, 한때 강대국이었던 중국이나 러시아는 국가가 존재감도 없을 정도로 쇠퇴하는 시기를 겪기도 했습니다. 산업혁명을 주도하며 번영을 누렸던 유럽 국가들도 지금은 미국에 압도당하고 있습니다. 미국의 유일함을 만들어낸 진짜 이유는 무엇일까요?

저는 그 답이 '문화와 제도'에 있다고 생각합니다. 미국의 초기 개척자들은 신대륙이라는 낯선 환경에서 수많은 실수와 실패를 겪었을 것입니다. 그러나 구세계와 달리 실패한 이들에게 두 번째, 세 번째 기회가 주어졌을 겁니다. 이러한 전통이, 실패를 용납하고 계속 도전할 기회를 주는 실리콘밸리 문화로 연결되지 않았을까요? 또한 세계 곳곳에서 유입된 이민자들의 다양한 사고방식과 경험이 서로 어우러지며, 협력하고 창조하는 문화가 자연스럽게 형성되었습니다. 그래서 지금도 전 세계의 유능한 인재들이 미국에서 일하고 싶어 하고, 우리나라의 뛰어난 인재들 역시 미국으로 향하고 있습니다.

새로운 아이디어를 가진 이민자가 창업해 세계 최고 부자가 될 수 있는 나라는 아직도 미국뿐입니다. '아메리칸 드림'은 여전히 유효합니다. 혹시 '유러피언 드림'이나 '차이나 드림', '코리안 드림'이라는 표현을 들어보았습니까? 꿈은 문화만으로는 실현되지 않습니다. 제도가 뒷받침되어야 그 꿈은 실현됩니다.

그렇다면 미국은 어떻게 이런 제도를 갖게 되었을까요? 미국은 식민지에서 독립한 신생 국가였습니다. 왕도 없고, 귀족도 없었으며, 기존의 정치적·제도적 레거시가 거의 없는, 그야말로 스타트업처럼 출발한 나라였습니다. 당시 대부분의 국가는 군주나 지역 영주가 다스리는 전통적인 왕권 정치 체계였지만, 미국의 건국자들은 혁신적인 사고의 발상을 했습니다. "왜 국가의 최고 리더는 세습되는 왕이어야만 하나? 국민 스스로 선택하면 어떨까?"라는 질문을 던진 것입니다. 이 질문은 왕을 국민이 선택하는 대통령제라는 획기적인 시스템으로 이어졌고, 완전히 새로운 국가 모델이 설계되었습니다.

자유를 찾아 신세계로 왔으니 당연히 개인의 자유가 우선시되었고, 개척기에 형성된 도전 정신과 실수를 용납하는 문화가 수용된 네거티브 시스템(negative system, 법이나 규정에서 금지된 것만 제외하고 나머지는 모두 허용하는 방식)이 초기부터 정착된 셈입니다. **네거티브**

시스템은 꼭 필요한 최소한의 제한만 하기에 새로운 아이디어를 시도하기에 적합한 제도입니다. 이 세상에 완벽한 제도란 존재하지 않지만, 경쟁국보다 상대적으로 조금이라도 나은 제도라면 그것만으로 경쟁력이 될 수 있습니다.

그 결과, 미국은 지난 200년 넘는 긴 시간 동안 성장 궤도를 크게 이탈하지 않은 유일한 국가가 되었습니다. 그리고 앞으로도 정치·경제·군사 측면에서 최강대국의 위치를 유지할 가능성이 높습니다. 미국이 남북 전쟁, 인종 갈등, 대공황 등 수많은 위기를 겪으면서도 무너지지 않은 이유는 바로 이 '제도'의 힘입니다.

미국은 건국 이후 지금까지 47명의 대통령이 있었지만, 그들 모두가 비범한 인물들이었다고 보기는 어렵습니다. 소수의 대통령이 역사적으로 긍정적인 평가를 받는 수준일 것입니다. 그럼에도 제도가 튼튼한 덕분에 훌륭한 리더가 나오면 국가의 수준을 한층 더 올리고, 다소 역량이 부족한 대통령이 나오더라도 나라가 무너지지 않고 유지됩니다. 즉, 개인의 역량이 아닌 제도 그 자체가 국가를 견인할 수 있는 구조였기 때문입니다.

미국의 경우에서 볼 수 있듯이, 좋은 제도를 갖춘 조직에서는 유능한 리더가 조직을 비약적으로 성장시키고, 변변치 못한 리더가 이끌어 발전은 못 시켜도 제도 자체가 기본적인 안정과 성과를 유지합니다. 반대로 제도가 시대 상황을 반영하지 못한 조직에서는 훌륭한 리더가 개인적인 역량으로 어느 정도 성장시킬 수 있지만, 수준 낮은 리더는 분명히 조직을 쇠퇴하게 만듭니다. 사실 호황기에는 리더의 능력을 알기가 어렵지만, 불황기가 되면 역량이 확실히 드러납니다. 그런데 리더의 임기는 유한하기에 장기적인 지속 성장을 위해서는 제도의 힘이 필요합니다. 따라서 평범한 리더가 선발되더라도 조직을 붕괴시키지 않을 제도의 구축이 무엇보다 중요합니다.

기득권이 없었다, 그래서 기회가 있었다

우리도 일제강점기와 한국전쟁을 거치며 전통적인 기득권 계층이 해체되고, 제도적 레거시가 거의 없는 상태에서 국가를 새롭게 시작할 수 있었습니다. 제도적 유산이 없는 상태에서 시작한 점은 미국과 비슷했습니다. 그러나 물리적 유산은 사실상 '제로 상태'였습니다. 국민소득이 1인당 100달러 이하의 세계 최빈국이었고, 산업시설도 미미했으니, 수요와 공급 모두 빈약했습니다. 그럼에도 반세기 만에 산업화와 민주화를 동시에 달성하면서, 제2차 세계대전 후 독립한 후진국 중에서 유일하게 선진국 대열에 합류하는 기적을 이루어냈습니다. 반도체·IT·자동차·조선·화학·철강 등 모든 산업 분야에서 세계적인 초일류 회사들이 탄생했고, 세계 10위권의 경제 대국이 되었습니다. OECD는 한국을 선진국으로 분류하기도 했습니다. 도대체 어떻게 이런 기적이 가능했을까요?

당시 대한민국이 갖고 있던 유일한 자산은 사람뿐이었지만, 교육 인프라 부족으로 제대로 교육을 받은 이들은 그리 많지 않았습니다. 정부는 예산이 충분하지 않았지만 의무 교육을 실시하여 문맹률을 낮추고, 사립대학을 육성하여 그 당시 우리 사회가 필요로 하는 고급 인재를 육성했습니다. 놀라운 점은 부모 세대가 자식을 위해 땅을 팔고 돈을 모아 교육을 시켰다는 것입니다. 그런 교육열이 대한민국을 다시 일으켜 세운 결정적인 이유 중의 하나였습니다. 다른 후진국들과 크게 달랐던 점이지요.

그 당시 우리나라는 국내 시장이 너무 작아서 경제 성장을 위해서는 해외로 눈을 돌릴 수밖에 없었습니다. 그래서 추진했던 것이 바로 '수출 주도형 경제 성장'이고, 이를 위해 만든 제도가 산업화 시대에 잘 작동하여 경제 발전의 디딤돌이 되었습니다.

여기서 '패스트 팔로어 fast follower' 전략이 등장합니다. 미국, 일본, 유럽의 선진국 기업들을 관찰하고 그들의 방식을 모방copy하는 전략입니다. 단순히 모방만 한 게 아니라 성능 좋은 제품을 더 싸게 만들어냈습니다. 기업가들은 과감한 투자를 감행했고, 인재들은 불철주야 일하면서 그것을 실현했습니다. 이 방식은 대단히 효과적이었습니다. 우리는 기존 기술과 제품을 '카피'함으로써 빠르게 산업화를 이루었고, 단순 모방을 넘어 기술·성능·가격 면에서 선진국 제품을 앞서는 수준까지 올라섰습니다.

그 결과 세계 각국에서 '메이드 인 코리아Made in Korea'가 강력한 브랜드가 되었습니다. 이 전략에서 중요한 덕목은 바로 '정확한 모방', '근면', '실수 없는 빠른 속도'였습니다. 이때부터 우리나라에 생긴 것이 '빨리빨리 문화'입니다. 그 성향이 본래 민족적 기질이었는지는 단정할 수 없지만, 당시의 산업화 환경이 만들어낸 생존 전략에 가까웠습니다.

그런데 최근에는 왜 성장이 정체되고 활력을 잃고 있을까요? 가장 큰 이유는 세계적으로 상황은 급변하는데, 정부나 기업 모두 변화에 적절히 대응하지 못하고 있기 때문입니다. 산업화 시대에 선진국을 빠르게 따라잡는 데 최적인 패스트 팔로어 전략은 모방할 것이 없고 신기술과 신산업을 개척해야 하는 시대에는 그다지 효과를 낼 수가 없습니다.

그리고 선진국의 제도를 참고했기 때문에 태생적으로 포지티브 시스템(positive system, 법이나 규정으로 허용된 것만 가능하고, 나머지는 모두 금지하는 방식)이 기본이 될 수밖에 없었습니다. **포지티브 시스템은 허가된 범위 내에서만 사업해야 하므로 제한이 많습니다. 자원과 시간을 가장 효율적으로 활용할 수 있는 장점은 있지만, 신산업과 신기술을 적용하기에는 걸림돌이 됩니다.** 모방에서 벗어나 자기만의 길을 개척해야 하는 '퍼스트 무버first mover' 시대에는 전진을 방해할 뿐입니다.

이러한 불합리한 흐름 속에서, 우리나라에서도 제도화된 기득권이라는 레거시가 생겨났습니다. 기존 제도 안에 안착한 기득권은 자신의 이익을 지키기 위해 새로운 제도의 도입을 거부합니다. 마치 자동차가 처음 발명되었을 당시, 기존 교통수단이던 마차 업계의 반발로 영국에서 제정된 '붉은 깃발법Red Flag Act'처럼 말입니다. 차량 앞에서 사람이 깃발을 들고 걸어가도록 한 이 법은 신기술의 발전을 가로막은 대표적 규제였습니다.

과거의 대성공이 지금의 문제를 낳았습니다. 패스트 팔로어 전략의 성공이 오히려 우리 앞에 커다란 장벽이 되어버린 셈입니다. 규제를 최소화하는 네거티브 시스템으로 가자고 말하고 있지만 지금까지 별 성과는 없어 보입니다. 혁신적인 새 아이디어가 시장에 나오기 어려운 구조인 것입니다. 이게 바로 '패스트 팔로어의 한계'입니다. 예전에도 위기는 많았지만 모두 극복했으니, 이번에도 열심히 하면 잘될 것이라는 식의 태도는 지나치게 안이한 생각입니다.

새 술은 새 부대에 담아야 한다

최근 세계 경영 환경이 급변하고 있습니다. 수십 년간 이어지던 자유무역 체제는 보호무역으로 변하면서 경쟁은 훨씬 치열해지고 있습니다. 중국의 기술 경쟁력은 더는 무시할 수 없는 수준이 되었을 뿐만 아니라 첨단 기술인 AI나 휴머노이드 로봇 분야에서는 우리를 능가하고 있습니다. 단순히 과거처럼 좀 더 열심히 일한다고 해결될 문제가 아닙니다. 그렇다면 우리는 어떻게 대응해야 할까요?

자본은 과거와 달리 충분히 축적되어 있습니다. 인재도 많습니다. 하지만 패스트 팔로어 전략만으로는 더 이상 성장할 수 없습니다. 이제는 퍼스트 무버, 말 그대로 먼저 가는 사람이 되어야 합니다. 우리 기업이 재도약하기 위해서는 기존의 성공 방정식에서

다시, 초격차

벗어나 퍼스트 무버로서 필요한 제도를 구축하고, 리더들을 육성해야 합니다.

그렇지만 아직도 많은 경영자가 실수하지 않으려는 관리에 더 신경 쓰고, '시키는 일을 정확히 수행하고 문제를 일으키지 않는 사람'을 좋은 인재로 간주합니다. 평생 그런 시스템에 적응한 결과겠지요. 이러한 기준으로는 미래를 이끌 리더가 나오기 어렵습니다. 결국 좋은 리더가 나오지 않는 것 역시 시스템, 즉 제도의 문제입니다. 기업, 학교, 정부 등 모든 분야에서 똑같은 현상이 나타나는 우리 사회 전반의 문제입니다. 새로운 산업을 만들지 못하고 기존 모델의 개선에만 머무는 것도 같은 이유입니다.

우리에게 필요한 인재는 실패를 두려워하지 않는 '도전 정신'과 남이 생각하지 못한 것을 만들어 보려는 '창조 능력', 다른 분야의 인재들과도 함께 일할 수 있는 '협력 자세'를 갖춘 사람입니다. "새 술은 새 부대에 담아야 한다."라는 말이 있듯이, 새로운 상황에 필요한 훌륭한 인재는 새로운 제도가 있어야 발굴되고 배출되는 것입니다.

2024년 노벨경제학상을 받은 제임스 로빈슨James A. Robinson 교수가 강조한 제도의 중요성이 떠오릅니다. 그는 같은 민족이지만 다른 제도를 채택한 남한과 북한의 사례를 통해, 제도가 어떤 결과를 만들어내는지 강조했습니다. 우리나라가 식민지와 전쟁을 거친 뒤 빠르게 성장할 수 있었던 것도, 무너진 사회 구조 속에서 작동한 제도 덕분이었습니다. 그리고 제도가 잘 작동하면, 그에 맞는 문화와 관행들이 자연스럽게 따라옵니다.

이제는 '경영을 잘하려면 어떻게 해야 할까?'라는 단기 생존의 문제보다 미래 성장을 위해 '새로운 상황에 적합한 제도는 어떻게 만들고 인재는 어떻게 키울까?'를 고민해야 하지만, 현실은 쉽지 않습니다. 정부는 이해관계자들의 갈등 때문에 불합리한 제도를 고치지 못하고, 기업은 여전히 과거의 성장 모델을 고수하고 있습니다. 학교 역시 마찬가지입니다. 이 점을 바꾸지 않으면 미래도 바뀌지 않습니다. 그렇다면 우리는 이제 어떤 제도를 설계해야 할까요? 이것이 앞으로 우리가 함께 고민하고 풀어가야 할 숙제입니다.

개인, 학교, 기업, 정부 모두 전방위적 개혁이 필요합니다. 능력 있는 사람은 과거에도 있었고 지금도 있습니다. 문제는 방법론입니다. 그 방법론이 시대에 뒤처지면 인재가 많아도 정체에서 벗어날 수 없습니다.

기업은 생존의 압력이 가장 빠르게 작동하는 조직입니다. 최근 기업의 평균 생존 기간은 20년이 채 되지 않습니다. 국가나 학교는 쉽게 망하지 않죠. 하지만 기업은 조금만 삐끗해도 바로 사라질 수 있습니다. 따라서 가장 먼저 변화가 필요한 곳이 바로 기업이고, 그 기업을 움직이는 인재를 키우기 위해서는 제도부터 바뀌어야 합니다.

오랫동안 유지될 건축물을 만들려면 주춧돌이 튼튼하고 기둥이 똑바로 세워져야 하듯이, 조직이 생존하고 지속 성장하기 위해서는 제도와 리더가 필요합니다. **제도는 조직의 주춧돌이고, 리더는 조직의 기둥입니다.**

1부

제도

조직의 주춧돌

1장

제도가 조직을
완성한다

AI 시대를 대비한 제도 개혁

AI 기술이 모든 분야에 빠르게 적용되면서 세상은 급속히 초지능 시대로 전환되고 있습니다. 기계가 인간보다 지식을 더 많이 갖게 된 지금, 이 변화가 미래에 어떤 영향을 미칠지는 아무도 모릅니다. 석기시대에서 철기시대로 바뀐 것만큼, 아니 그보다 더 큰 변화가 일어날 수도 있습니다. 철기시대에 철기를 쓰지 못한 부족이 멸망했듯, AI 시대에도 마찬가지입니다. 새로운 시대에 살아남기 위해서는 지금까지 우리가 해왔던 일하는 방식과 사고방식을 근본적으로 바꾸어야 합니다.

더욱이 우리나라는 기술의 대전환기에 적응하면서 동시에 선진국으로 도약해야 하는 변곡점에 서 있습니다. 앞으로의 선택이 국가의 미래를 좌우하게 될 것입니다. 국가의 경쟁력, 즉 국력은 경제 성장에서 비롯됩니다. 그리고 그 선봉에는 기업이 있습니다. 기업의 성장은 국가 제도, 기업가정신entrepreneurship, 유능한 인재가 조화를 이루어야 가능합니다. 이 중에서도 국가의 제도는 톱다운top-down 방식으로 작동하기 때문에 기업과 교육을 포함한 모든 분야에 결정적인 영향을 미칩니다.

그러나 우리나라의 현행 제도는 포지티브 시스템에 기반하고 있어 수많은 규제와 비효율적 구조를 만들어냈습니다. 그 결과 기업의 혁신은 위축되고, 대학의 인재 육성도 크게 제약받고 있습니다. 신사업 발굴과 신생기업 탄생이 어렵고, 인재가 성장할 기회를 만들기조차 쉽지 않습니다. 잠재력이 있는 사람이라도 제도가 뒷받침되지 않으면 능력을 키우기 어렵습니다.

따라서 **시대 환경에 맞는 제도가 없다면 성장은커녕 쇠퇴의 길로 들어설 수밖에 없습니다.** 첨단 기술과 산업을 선도하는 미국과 비교할 때 이 차이는 더욱 분명하게 드러납니다.

제도는 걸림돌이 아니라
'디딤돌'이어야 한다

제도를 새로 만든다는 것은 결코 쉬운 일이 아닙니다. 시대의 변화를 정확히 읽고 구조를 새롭게 설계해야 합니다. 기득권의 불만을 달래거나 기존 제도의 피해자를 보상하는 식의 미봉책만으로는 미래 경쟁력을 확보할 수 없습니다. **좋은 제도는 현재의 문제를 보완하는 데 그치지 않고, 다가올 시대까지 준비할 수 있어야 합니다.**

산업화 시대의 압축 성장 과정에서 나타난 오너 경영의 부작용을 해결하겠다는 명분 아래, 기업가정신까지 꺾어버린다면 그것은 소탐대실小貪大失입니다. 아무리 목이 마르더라도 마중물을 마셔서는 안 되듯, 제도는 장기적 관점으로 설계해야 합니다.

기업 상속, 이사회 운영, 노동, 중대 재해 등에 관련된 법률들은 그동안 누적된 불합리를 바로잡으려는 취지가 있음을 이해합니다. 그러나 동시에 기업의 경영 활동과 지속적 성장을 억누르는 요소도 적지 않습니다. 약이 잘 쓰이면 병을 낫게 하지만, 오·남용되면 오히려 몸을 해치는 것과 같습니다. "빈대 잡으려다 초가삼간 태운다."라는 말이 결코 비유만은 아닙니다.

어떤 제도든 이해관계자 간 균형을 잃으면 결국 모두가 피해를 보고 국가는 쇠퇴합니다. **문제가 되는 '걸림돌을 치우는 것'만으로는 충분하지 않습니다. 그 자리에 '성장을 가능하게 하는 디딤돌'을 놓는 제도를 마련해야 합니다.** 이것이 바로 미래를 준비하는 리더의 사명입니다.

산업과 교육에 큰 영향을 미치는 정부의 R&D 정책도 다시 점검할 필요가 있습니다. 우리나라 국가 R&D 예산은 GNP(Gross National Product, 국민총생산) 대비 세계 최고 수준입니다. 하지만 연구 성과는 제한적이고, 산업으로 이어진 프로젝트도 많지 않습니다. 지난 20여 년 동안 수백조 원을 투입하고도 뚜렷한 성과를 내지 못했다는 사실은 깊이 되돌아봐야 합니다. 우리나라는 경제 대국이 되었지만, 아직 노벨과학상 수상자가 한 명도 없다는 현실 역시 안타까운 일입니다. 실패한 과제는 거의 없지만, 사업화로 이어진 과제도 거의 없다는 것은 과제 선정과 운영 과정에 구조적 문제가 있다는 뜻입니다.

선진국의 기술을 답습하면 실패는 줄이겠지만 성과도 없습니다. 산업계가 스스로 수행할 수 있는 영역은 세제 혜택, 인재 양성, 인프라 구축 같은 간접 지원으로 충분합니다. R&D 재원은 산업계가 감당하기 어려운 기초 연구와 미래 기술에 집중해야 합니다. 국

     다시, 초격차

가 R&D는 본질적으로 장기적 관점에서 추진해야 합니다. 그러나 책임자가 자주 바뀌면 단기성과에 매달리게 되고, "왜 실패할 과제를 선정했느냐?"라는 비난을 피하려고 도전과제를 기피하게 됩니다. 또한 공정성 논란을 피하려는 이유로 연구비를 '골고루 나누는' 방식도 지양해야 합니다.

국가 R&D를 맡는 책임자는 실력과 인성을 두루 갖춘 인물을 선발해야 합니다. 실질적인 권한을 부여하고, 정권 교체와 무관하게 직을 유지할 수 있는 제도가 필요합니다. **국가 R&D 제도의 목표는 '불평·불만의 최소화'가 아니라 '성과·효과의 최대화'가 되어야 합니다.**

왜 한국에는
유니콘과 히든 챔피언이 드문가?

스타트업 창업 지원 제도도 손질이 필요합니다. 정부 지원이 초기 창업에 도움을 준 것은 사실이지만, 크게 성공한 스타트업은 많지 않습니다. 스타트업이 성장하려면 뛰어난 아이디어, 원활한 자금 조달, 충분한 시장, 그리고 기술·법률·경영 자문을 제공할 네트워크, 네 가지 요소가 함께 갖춰져야 합니다. 그러나 우리나라에는 아직 그렇게 큰 시장도, 네트워크도 충분히 형성되지 않았습니다. 이런 환경이 갖춰진 대표적 장소가 실리콘밸리입니다. 실리콘밸리 기업이 정부 지원으로 성장했다는 이야기가 없는 이유도 여기에 있습니다. 초기 자금은 지원할 수 있어도 분야별 전문가의 조언과 후속 투자는 정부 기관의 역량만으로는 채우기 어렵습니다.

그리고 외국에서는 창업자에게 차등의결권(주식의 종류에 따라 의결권 수에 차이를 두는 제도)을 부여해 경영의 일관성을 유지하도록 돕습니다. 반면 우리나라는 여전히 부작용을 지나치게 우려한 나머지 여러 제한을 두고 있어, 제도가 본래 의도한 효과를 내기 어렵습니다. 창업자의 주식 비중이 낮아지면 투자자들의 이해에 따라 회사의 목표가 흔들릴 수 있고, 결국 배가 산으로 가는 일도 벌어집니다. 또한 창업을 장려한다며 양적 확대에만 치우치는 경향도 보입니다. 이제는 숫자를 늘리는 것보다, 질을 높이는 방향으로 전환해야 합니다.

회사를 만들었다고 모두 스타트업이 되는 것은 아닙니다. 창업과 개업은 명확히 구분해야 합니다. 창업은 새로운 아이디어를 사업화하는 창조 사업이고, 개업은 차별점 없이 '나도 할 수 있다'는 모방에 가깝습니다. 개업이 잘못된 것은 아니지만, 국가가 지원해

　　　　　　　　　　　　　　　　　　　　　　　　　　　　다시, 초격차

야 할 대상은 창업이지 개업이 아닙니다. 개업은 개인의 몫으로 남겨두면 됩니다.

중소·중견 기업 육성은 국가 경제 발전에 필수적입니다. 대기업만으로 산업 생태계를 형성할 수 없습니다. 자연 생태계가 잘 유지되어야 사람이 살 수 있는 것처럼, 산업계도 중소기업이 튼튼해야 대기업도 성장할 수 있습니다. 기업 수와 일자리 모두 중소·중견 기업 비중이 90% 이상입니다. 규모는 작아도 없어서는 안 될 조직들입니다.

일본이나 독일에는 소위 '히든 챔피언hidden champion'이라고 불리는 세계적인 중소·중견 기업이 매우 많고, 이들이 제조업의 기둥 역할을 하고 있습니다. 대기업이 흔들릴 때도 이 기업들이 갖고 있는 수많은 기술과 제품이 국가 경제에 버팀목 역할을 하고 있습니다. 우리나라도 수십 년 동안 정권마다 중소기업 육성책을 만들고 추진했지만, 세계적인 기업은 탄생하지 않았습니다. 왜 그럴까요? 이유는 제도에 문제가 있기 때문이라고 생각합니다. 지난 수십 년간 대기업으로 성장한 기업이 몇이나 되는지 생각해 보면 쉽게 알 수 있습니다. 국내 기준으로는 대기업이라도 선진국 기준에서는 중견 기업보다 작은 경우가 대부분입니다.

우리나라에서는 대기업으로 분류되는 순간 지원보다는 오히려 관리 대상이 되는 불이익을 받게 됩니다. 그러다 보니 한 단계 더 도약해야 할 시점에 차라리 지금 상태를 유지하려는 이른바 '피터 팬 증후군(Peter Pan Syndrome, 성인이 되는 것을 거부하고 책임을 피하려는 심리)' 현상이 생깁니다. 규모가 작을 때는 아기처럼 과보호하고, 조금만 커지면 규제 대상으로 바꾸려 하는 모순을 고쳐야 합니다. 성장을 억제하는 제도는 빨리 고쳐야 세계적 히든 챔피언이 많이 생길 수 있습니다.

규모가 작으니 연구개발을 제대로 하지 못해 경쟁력이 떨어집니다. 대기업처럼 직원들에게 급여도 복지도 충분히 지원하기 어렵다 보니 우수 인재가 가지 않아 개발을 제대로 하지 못하는 악순환이 벌어지는 겁니다. 경쟁력 있는 기술이나 제품 개발이 부족하면 대기업과 거래할 때 제대로 대우받지 못합니다. 따라서 대기업으로부터 가격 압박, 즉 '후려치기'를 당한다고 아우성칩니다.

물론 대기업의 잘못된 관행도 있지만, 해외에서 더 낮은 단가의 제품을 들여올 수 있다면 이런 현실은 개선되기 어렵습니다. 세계 유수의 기업도 똑같습니다. 삼성과 같은 글로벌 대기업도 경쟁사보다 기술력이 떨어지면, 지속적인 가격 인하 압박을 받습니다. 대체할 다른 회사 제품이 있다면 당연한 이치라고 생각해야 합니다.

히든 챔피언을 대기업도 함부로 대하지 못하는 이유는 명확합니다. 기술력이 있기 때문입니다. 기술력을 갖추는 것만이 제대로 대우받는 길입니다.

일부 대기업이 중소기업의 기술을 탈취하거나 부당하게 카피하는 행위는 당연히 근절되고 처벌받아야 합니다. 그렇지만 중소기업이 성장하지 못하는 주요 이유가 대기업의 불공정 행위 때문이라는 선입견으로만 접근한다면 올바른 제도를 만들기 어렵습니다. 공정거래법의 적용을 받지 않는 해외 기업과 거래하는 것이 더 안전하다는 생각이 확산되면, 국내 기업과의 거래가 줄어드는 부작용도 생길 수 있습니다. 그렇게 되면 중소·중견 기업의 발전은 더욱 요원해질지도 모릅니다.

제도는 이러한 다양한 환경을 함께 고려해 만들어져야 합니다. 물론 중소·중견 기업 오너들의 공사公私를 구분하지 못하는 일부 불합리한 경영 관행 역시 개선되어야 하겠지요.

20세기 교육제도와 대학 구조로 21세기 대응이 가능할까?

국가 제도의 개혁도 중요하지만, 교육계 역시 예외가 아닙니다. 특히 우리나라의 교육제도는 AI 시대에 접어든 지금도 여전히 '카피 시대' 수준에 머물러 있습니다. 수십 년간 유지된 입시 제도는 문제를 틀리지 않고 잘 푸는 학생을 선발하는 데 초점이 맞춰져 있습니다. 초등학생 때부터 과도한 사교육을 받고, 진정한 실력을 키우기보다는 틀리지 않는 요령만 익히고 있는 것이 현실입니다. 자기의 적성과 재능도 모른 채 부모의 기대에 따라 전공을 선택하는 학생도 적지 않습니다. AI 시대에 쓸모없는 방식에 사회적 비용과 시간이 막대한 규모로 낭비되고 있는 셈입니다.

일부 계층이 불법이나 편법을 동원해 자녀를 명문대에 입학시키는 사회 문제도 반복되고 있습니다. 우리 사회는 공정公正에 매우 민감합니다. 불공정한 일이 발생하면 법을 만들어서라도 바로잡으려 합니다. 그러나 현재의 입시 제도는 겉으로 보기에는 공정해 보이지만, 실제로는 불공정한 요소가 적지 않습니다. 진정한 공정은 기회·과정·평가가 모두 공정할 때 비로소 성립합니다.

입시는 점수로 합격과 불합격을 가리기 때문에 '평가'의 공정성은 갖추고 있습니다. 그러나 부모의 사회·경제적 자원이 개입해 불법·편법을 동원하거나 유리한 환경을 만들게 되면, 이는 '과정'의 공정성을 훼손하는 일입니다. 사교육을 받아야 좋은 점수를 받고 명문대 진학 가능성이 높아진다면, '기회'의 공정성 역시 무너진 것입니다. 빈부 격차로 인해 기회와 과정에서 동일한 출발선이 보장되지 않는다면 "개천에서 용 난다."라는 말은 점점 사라지고, 사회적 불만은 커질 수밖에 없습니다. 이런 부작용을 낳고 있는 현행 입시 제도는 시급히 개혁해야 하지만, 정작 누구도 책임을 지려 하지 않고 있습니다.

우리나라 대학의 경쟁력도 계속 하락하고 있습니다. 중국·싱가포르·홍콩·일본 등 아시아권 대학과 비교해도 뒤처지는 상황입니다. 대학생의 부담을 줄인다는 명분으로 10년 넘게 이어진 등록금 동결은 연구 자금 부족과 교수 임금의 실질적 감소로 이어졌습니다. 그 결과 우수한 교수를 유치하거나 유지하기가 어려워졌고, 교육의 질은 꾸준히 낮아지고 있습니다.

초·중·고 의무 교육 예산은 법으로 보장되어 학생 수가 줄어도 계속 증가합니다. 그럼에도 공교육은 신뢰를 잃고, 사교육비는 줄지 않고 오히려 증가하고 있습니다. 사회적으로 엄청난 낭비가 발생하고 있는 것입니다. 반면 미래 산업을 책임질 고급 인재를 길러야 할 대학은 재원 부족에 시달리는 모순을 해결하지 못하고 있습니다. 학생이 감소하는 곳에는 재원이 남아돌고, 정작 필요한 곳에는 재원이 턱없이 부족한 모순을 해결하지 못하고 있습니다. 이것은 정치의 책임일까요? 기득권을 지키려는 일부 교육계의 책임일까요? 이 문제를 조속히 해결하지 못하면 산업계는 고급 인재난에 점점 더 시달리게 되고, 청년들은 좋은 일자리 찾기가 더욱 어려워질 것입니다.

선진국 가운데 대학 운영을 국가 제도로 세세하게 관리하는 나라는 우리나라가 거의 유일합니다. 자율이 없으면 개성이 사라지고, 획일화는 강화되며, 그만큼 발전의 여지가 줄어듭니다. 이런 구조에서 정부와 대학이 세계적 대학을 만들겠다고 외쳐도 지금으로서는 구호에 머물 수밖에 없습니다.

문제는 외부 요인에만 있는 것이 아닙니다. 대학 내부에도 구조적 문제가 적지 않습니다. 많은 대학이 총장을 교수들의 투표로 선출하고, 임기 역시 실질적으로 한 텀(보통 4년)으로 제한하고 있어 일관성 있게 정책을 추진하기 어렵습니다. 교육은 백년대계인데, 총장이 이처럼 자주 바뀌는 구조에서는 장기적 비전을 세우기 어렵습니다.

세계적인 명문 대학 가운데 총장을 투표로 선출하는 사례는 없습니다. 대학교는 정치권과 달라야 합니다. 연구와 교육에 전념해야 할 교수가 4년마다 총장이 되기 위해 선거운동을 벌여야 한다는 것 자체가 문제입니다. 그동안 이러한 선출 제도를 시행해온 대학들이 이 방식으로 특별한 발전을 이뤘다는 보고도 거의 없습니다. 이제는 재고해야 할 시점입니다.

교수·동문·학생·사회 인사 등으로 '총장선출위원회'를 구성하고, 교내 교수뿐 아니라 사회에서도 유능한 인재를 발굴해 심층 인터뷰를 거쳐 선발하는 미국 명문대의 사례를 벤치마킹해, 우리만의 모델을 구축할 필요가 있습니다. 그렇게 선발된 총장이 장기간 안정적으로 근무해야 일관성 있는 정책을 추진할 수 있습니다.

또한 우리나라 명문대는 대부분 본교 출신 교수를 총장으로 선발하는 관행이 자리 잡고 있습니다. 그분들이 능력이 없다는 뜻은 아니지만, 여러 이해관계가 얽힌 상황에서는 혁신이 필요할 때 한계가 있을 수 있습니다. 대학교가 기업처럼 이익단체는 아니지만, '경영'은 분명 필요합니다. 스포츠에서 스타플레이어가 항상 유능한 감독이 되는 것은 아닌 것처럼, 학문적 업적이 뛰어나다고 해서 늘 경영에 능한 것은 아닙니다. 회사도 극한 상황에서는 외부 인사를 영입해 돌파구를 찾기도 합니다. 이제는 대학의 발전을 위해 총장 선출 제도를 개혁해야 합니다.

또한 우수한 연구 성과를 낸 교수를 보호하기 위해 만든 테뉴어(tenure, 정년보장) 제도도 사실상 유명무실해졌습니다. 테뉴어를 받지 않고도 정년 퇴임이 가능하고 연봉에도 큰 불이익을 받지 않으니 악화惡貨가 양화良貨를 밀어내는 분위기가 조성될 것입니다. 대학은 기업처럼 외형을 무한정 늘릴 수 없으므로 교원을 증원하지도 못합니다. 이런 상황에서 연구 실적이 형편없는 교수조차 퇴출시키지 못하면, 우수한 신규 교수 확보는 더욱 어려워집니다.

세계 유수 대학에서는 탁월한 연구 성과가 있는 교수라면 정년 없이 평생 재직할 수 있습니다. 그러나 우리나라 대학에서는 세계적인 성과를 낸 교수조차 정년이라는 한계 때문에 학교를 떠나야 합니다. 그 결과 실적이 좋은 교수는 외국 대학의 더 나은 조건을 받고 떠나고, 실적이 부족한 교수는 정년까지 남는 모순이 발생합니다. 최고 엘리트 집단인 교수를 일반 노동자와 동일한 방식으로 운영한다면, 피해는 학생과 대학이 보게 되고 결국 국가의 미래를 잠식하게 됩니다. 이런 제도를 혁신하지 않고서 대학 경쟁력은 좋아질 수 없습니다.

학교와 학생에게 피해를 주는 경우는 또 있습니다. 일부 교수들은 정치권과 정부 기관으로 진출하면서 몇 넌씩 자리를 비우는 소위 '양다리'를 걸칩니다. 다른 교수들에게는 업무가 가중되고, 학생들은 듣고 싶은 강의를 들을 수가 없게 됩니다. 폴리페서(politics와 professor의 합성어로, 정치권 진출을 염두에 두고 활동하는 '정치형 교수'를 비판적으로 부르는 말)가 용인되는 이런 관행은 고쳐야 합니다. 자신의 본업에 충실할 수 없다면 스스로 떠나는 게 도리가 아닐까요?

미국 스탠퍼드대학교, 하버드대학교 같은 명문대에서는 교수의 창업을 장려합니다. 첨단 연구 결과를 사업화하여 기술 발전에 기여하고 교수와 학교 모두에게 재정적인 도움이 됩니다. 모더나가 대표적인 경우입니다. 최근 우리나라 대학에서도 교수가 창업하도록 유도하지만, 새로운 기술의 창업보다 '내가 더 잘할 수 있다'라는 모방 사업, 즉 개업이 훨씬 많습니다. 창업이 아니라 개업이라면 본연의 업무인 연구와 강의로 돌아가야 합니다.

대학 교수의 핵심 임무는 연구와 교육입니다. 연구는 논문이나 특허로 명확히 평가되지만, 교육의 질은 평가가 모호합니다. 미국의 명문 대학은 학기가 끝나면 바로 수강생들이 강의 내용이나 방법을 평가하고 발표를 합니다. 우리나라는 학생이 교수를 평가한다는 데 거부감이 있지만, 학교의 발전과 학생을 위해서는 이런 제도도 검토해야 합니다. 교수 역시 학생의 피드백을 받아야 합니다. 기업에서 고객이 왕이듯, 대학에서는 학생이 왕입니다.

세계 대학들은 기술의 융·복합화 흐름에 맞춰 학과 운영을 유연하게 바꾸고 있습니다. 하지만 우리 대학은 여전히 학과·학부 중심의 폐쇄적이고 배타적인 구조를 고수하고 있습니다. 이런 구조에서는 학생들이 새로운 학문과 산업 변화에 맞춰 공부하고 흥미를 느끼기 어렵습니다. 게다가 사회에서 요구하는 인재를 배출할 수 있도록 전공을 유연하게 운영하지도 않습니다. 자기 학과만의 이익을 고집하는 학과 이기주의는, 정원을 단 한 명도 조정하지 않으려고 하거나 대학 전체 방침을 거부하는 태도로 드러나기에 반드시 고쳐야 합니다. 이렇게 내부 문제조차 해결하지 못하는 대학이 어떻게 세계적 대학이 될 수 있겠습니까? 국가 교육제도를 혁신하지 못한다면 미래 인재 육성은 요원합니다.

기업 지배구조의 혁신

우리나라가 세계를 이끄는 진정한 선진국, 선도국으로 발전하기 위해서는 정부, 교육의 개혁과 함께 기업도 제도 혁신이 이루어져야 합니다. 시대가 바뀌었으면 상황에 적합한 기업 '거버넌스 구조governance system'도 달라져야 합니다. 그러나 지금의 거버넌스는 퍼스트 무버가 되기에는 적합한 체제가 아닙니다. 많은 기업이 이사회, 비서실, 집행부라는 틀을 갖추고 있지만, 이 구조가 새로운 시대에도 제대로 작동할 수 있는지 냉정히 점검할 시점입니다. 퍼스트 무버 시대에 적합한 제도를 만들 때 반드시 갖추어야 할 항목은 다음과 같습니다.

1. 체제와 구조(System&Structure)

2. 권한과 범위(Status&Scope)

3. 역할과 책임(Role&Responsibility)

4. 견제와 균형(Check&Balance)

첫째는 '체제와 구조'입니다. 국가로 보자면 대통령제와 내각 책임제 중 어느 체제를 선택할 것인지 같은 큰 틀을 정하는 일입니다. 기업이라면 경영 지배 구조를 어떻게 설계할지를 결정하는 단계입니다. 둘째는 '권한과 범위'입니다. 조직이 행사할 수 있는 고유 권한이 어디까지인지 명확해야 합니다. 셋째는 '역할과 책임'입니다. 역할이 중복되면 주도권 갈등이 생기고, 역할이 비어 있으면 책임을 회피하게 됩니다.

마지막이 '견제와 균형'입니다. 기업에서는 '검증과 조정' 기능에 해당합니다. 어떤 조직도, 어떤 사람도 완벽할 수 없습니다. 누구나 실수할 수 있고 판단이 잘못될 수 있습니다. 그래서 사전 검토와 조정의 과정이 있어야 사고를 줄일 수 있습니다. 이 네 가지 요소가 갖추어져야 조직은 제대로 작동합니다.

현재 우리나라 기업의 경영 지배 구조는 산업화 시대에 형성된 틀을 거의 그대로 유지하고 있습니다. 크게 오너(창업자 혹은 가업 승계자), 비서실(오너 스태프 혹은 최근의 홀딩스회사, 그룹마다 사용하는 명칭이 다르지만 편의상 '비서실'로 통칭), 집행부(CEO와 임원진), 그리고 이사회로 구성되어 있습니다. 카피 시대에는 오너가 사업 분야와 방향을 정하면, 비서실이 관련 정보를 수집하고 분석해 인력과 자금을 배분하는 컨트롤 타워 역할을 했습니다. 오너는 비서실의 인사 자료를 참고해 사업을 맡길 인재를 CEO로 임명했고, CEO는 주어진 범위 안에서 목표 달성을 위해 움직였습니다. 이사회는 직접 경영에 개입하기보다는 실행 과정에 문제가 없는지 확인하는 역할이었습니다.

이러한 구조는 본질적으로 오너에게 권한이 집중되는 체제입니다. 산업화 시대에는 빠른 의사결정과 추진력이 필요했기 때문에 사업을 성장시키는 데 매우 효율적인 시스템이었습니다.

그러나 앞서 언급한 제도적 요소, 즉 '권한과 범위', '역할과 책임', '견제와 균형' 측면에서는 부족한 부분이 많았습니다. 오너의 판단이 한번 잘못되면 회사가 큰 어려움에 빠지거나 파산으로 이어질 위험이 있었습니다. IMF 시절 수많은 그룹이 무너진 것도 이 때문입니다. 검증과 조정이 부족한 상태에서 개인 판단에 의존한 결과였습니다.

오너 중심 경영, 무엇이 문제이고 무엇을 개혁해야 할까?

오너 경영이 잘못된 경영 방식은 절대 아닙니다. **시대 변화에 맞게 제도를 보완한다면, 오너 경영은 오히려 지속 성장과 장기 발전에 유리할 수 있습니다.** 선진국 사례를 보더라도, 오너가 경영에서 완전히 손을 떼면 전문경영인이 자신의 임기 내 실적에만 집중하다 경쟁력을 잃고 회사 자체가 없어지는 경우도 종종 있습니다. 그래서 **오너의 소유권은 확실히 보장하되, 경영권은 시대 흐름에 맞게 일정 부분 조정하는 방식이 바람직하다고 생각합니다.**

이를 위해 기업 상속 제도도 다시 검토해야 합니다. 제가 만나 본 많은 중소·중견 기업 창업자는 자신이 일궈온 회사에 큰 애착을 가지고 있습니다. 그러나 직접 경영할 시간이 얼마 남지 않았다는 사실을 인정하면서 회사를 어떻게 처리해야 할지 깊은 고민에 빠집니다. 수십 년 동안 키운 회사를 매각하는 것도 내키지 않고, 자녀에게 물려주자니 막대한 상속세가 걱정입니다. 승계자가 회사를 제대로 운영할지에 대한 불안도 큽니다.

이런 이유로 오너들은 승계 문제를 미리 해결하려다 의도치 않은 부작용을 겪기도 합니다. 급변하는 환경에서 경영하기도 벅찬

데, 제도적 제약 때문에 불필요한 고민을 안고 있는 셈입니다. 기업 가치가 커질수록 상속세 부담도 함께 커지니, 상속세만 고려하면 주가를 올릴 동기가 줄어듭니다. 결국 그 피해는 일반 투자자들에게 돌아갈 수 있습니다.

저 역시 오너의 자녀나 친인척이라는 이유만으로 기업을 무조건 승계하는 방식에는 문제가 있다고 생각합니다. 승계자가 장기적 성장을 이끌 역량이 있다는 것이 증명되면, 그때 실질적으로 경영을 맡고 책임지게 해야 합니다. 그렇지만 승계자가 경영에 직접 관여하지 않더라도 대주주의 권한인 소유권은 인정하는 것이 좋습니다.

투자의 귀재이자 '오마하의 현인'으로 불리는 워런 버핏 역시 수백 개 기업의 대주주지만 직접 경영에 참여하지 않습니다. 대신 이사회를 통해 능력 있는 CEO를 선발하고, 경영은 전적으로 그들에게 맡깁니다. 우리나라도 이제는 소유권과 경영권을 어떻게 구분하고 운영할 것인지, 이해당사자들이 함께 논의해야 할 시점입니다. 대주주인 오너가 직접 경영에 나서지 않더라도, 위기 상황이 오면 해결 주체자로 나설 수 있는 제도가 있으면 좋지 않을까요?

이사회와 비서실의 역할은
어떻게 변해야 할까?

해외의 유수 기업들은 다양한 분야에서 활동한 전·현직 경영자들이 이사회의 중심을 이룹니다. 그들의 경험과 지혜가 실제 경영에 도움을 주고, 예상되는 위험을 검토하며, 신사업을 제안하기도 합니다. 반면 우리나라 기업의 이사진은 교수나 관료 출신이 대부분이라 위기관리나 경영 경험이 부족한 경우가 많습니다. 법적 요건은 충족하더라도 실제로는 최소한의 논의만 이루어지고 있습니다. 새로운 시대에 필요한 신사업을 논의하거나 미래 전략을 설계하기에는 역부족입니다.

예를 들어 신규 프로젝트에 투자할 때 그것이 수익으로 이어질지, 어떤 위험이 있는지, 현장의 맥락 속에서 논의가 이루어져야 합니다. 전쟁 경험이 없는 사람이 전쟁을 시작하자고 쉽게 말할 수 없듯이, 경영의 최종 판단이 이루어지는 장이 되어야 할 이사회가 제 역할을 하지 못하고 있는 셈입니다.

또한 우리나라 법은 이사들의 능력에 상관없이 임기를 제한하고 있어 장기적인 프로젝트에 책임감을 가지고 일하기가 어렵습니다. 최근에는 경영상 결정의 모든 결과를 이사들이 부담하게 되면서 신사업 추진은 더욱 위축될 가능성이 있습니다. 역량 있는 이사들이 장기적으로 활동할 수 있도록 법적 제약을 보완할 필요가 있습니다.

우리 대기업은 사업 규모는 세계적 수준이지만 이사회 구성은 대부분 국내 인사에 편중되어 '우물 안의 개구리' 상태입니다. 언어 문제와 지역 관계로 외국인이 이사회에 참석하는 게 어려웠지만, 이제는 AI 기술을 이용하여 실시간 통역과 화상 회의가 가능하므로 글로벌 경험이 풍부한 외국인도 적극적으로 활용해야 합니다. 물론 오너의 의중만 따르는 형식적 이사회가 되지 않도록 견제하는 장치도 필요합니다.

이사회는 신사업의 타당성을 토의하고, 그 사업을 이끌 CEO를 선발하는 데 핵심 역할을 해야 합니다. 오너가 CEO를 임명하고 이사회가 이를 추인하는 현재의 방식에서 벗어나야 합니다. 지금의 제도에서는 과거에 실수하지 않았던 유능한 관리자형 인물이 선택될 가능성이 큽니다. 그러나 과거에 잘했다고 해서 신사업에도 적합하다고 단정할 수는 없습니다. 신사업에 적합한 사내외 후보를 모두 올리고, 인터뷰하며, 내부 심의와 토의를 통해 복수의 후보군을 만든 뒤 오너가 선택하는 방식이 바람직합니다. 그래야 이사회와 오너가 진정한 의미의 '검증과 조정' 역할을 할 수 있습니다.

CEO의 퇴임 결정도 오너가 아니라 이사회 주도로 이루어져야 합니다. 애플 창업자인 스티브 잡스조차 이사회 결정으로 해임된 사례가 좋은 예입니다. 이사회의 권한을 강화해서 '거수기(擧手機, 스스로 판단하지 않고 손만 들어 찬성하는 존재)'라는 오명에서 벗어나야 진정한 이사회가 될 수 있습니다. 물론 그 결과에 대한 책임도 함께 져야 합니다. 신기술과 신사업이 활발한 미국에서는 이사회가 C레벨 인사를 결정합니다. 완벽한 제도는 아니지만, 혁신적 기업이 끊임없이 등장하는 걸 보면 우리도 참고할 점이 많습니다.

우리 기업은 오랫동안 지시와 관리 중심의 방식에 익숙해져 왔습니다. 이 점은 비서실도 예외가 아닙니다. 비서실은 그룹의 자원을 어떻게 배분하고 활용할지를 설계해야 하는 전략 조직이지만, 현실에서는 변화에 대한 감각이 부족하고 위험을 감수하기보다는 회피하는 경향이 강합니다. 이런 문화에서는 기업이 점점 활력과 경쟁력을 잃을 수밖에 없습니다.

미래의 비서실은 오너가 집행부와 이사회의 주요 의사결정 과정에서 발생할 수 있는 문제점을 분석하고 수정할 수 있도록 자료와 논리를 준비하는 역할에 집중해야 합니다. 결정 과정에는 관여하면서 결과에는 책임을 지지 않는 조직은 효율을 떨어뜨리고 혼란만 초래합니다.

우리는 예술이나 문학 작품에서 감동을 받습니다. 작가가 혼신을 기울여 만든 결과물을 통해 그들의 창조성을 경험하기 때문입니다. 작품은 항상 평론가의 평가를 받습니다. 어디가 좋았고 무엇이 부족했는지 객관적 관점으로 분석합니다. 작가는 그 피드백을 바탕으로 다음 작품을 더 나은 방향으로 발전시키고, 평론가는 작가의 새로운 시도와 아이디어를 접하며 자신의 시야를 넓혀갑니다. 두 집단은 때때로 서로에게 불편할 수 있지만, 결국 서로의 성장을 돕는 관계입니다. 분명한 점은 평론은 창작이 있을 때만 존재한다는 사실입니다. 즉, 작품을 만드는 일이 먼저입니다.

기업도 마찬가지입니다. CEO를 포함한 집행부가 '작가'라면, 비서실은 '평론가'입니다. 기업의 작품, 즉 신사업을 만드는 일은 집행부의 몫입니다. 퍼스트 무버 시대의 비서실 역할은 어디까지나 평론가이지, 창작하는 작가가 아니라는 점을 명심해야 합니다.

명문 스포츠 구단의 운영 방식은 기업에도 많은 시사점을 줍니다. 어떻게 운영해야 꾸준히 우승하고 강팀으로 남을 수 있을까요? 스포츠 구단은 선수, 감독, 프런트로 구성됩니다. 기업에 비유하면 선수는 임직원이고, 감독은 CEO이며, 프런트는 비서실에 해당합니다. 우승하려면 무엇보다 선수가 좋아야 합니다. 감독은 선수의 역량을 파악해 훈련시키고, 상대 전술에 대응할 전략을 세워야 합니다. 프런트는 감독이 능력을 최대한으로 발휘할 수 있도록 지원하는 조직입니다.

그런데 프런트가 경기마다 감독에게 경기 운영을 지시한다면 우승할 수 있을까요? 없습니다. 기업도 마찬가지입니다. 퍼스트 무버 시대의 비서실은 스포츠 구단의 프런트와 같아야 합니다. 비서실은 경영의 '선수'도, '감독'도 아닙니다. 그 사실을 명확히 인식해야 합니다.

왜 한국 기업에는 '퍼스트 무버 전략'이 어려운가?

오늘날 우리 기업의 정체는 각 조직의 권한과 역할이 불명확하다는 점에서도 비롯됩니다. 신산업을 발굴하고 지원하는 전담 조직도 불분명합니다. 더는 카피할 사업이 없으니 수집할 정보도 줄었고, 정보가 있어도 쉽게 카피하기 어렵습니다. 사업화의 속도는 더 빨라졌고, 타이밍을 놓치기 십상입니다. 과거에는 선진국의 성공 사례를 보고 '어떻게' 하는지를 배우면 되었지만, 이제는 스스로 '무엇을, 어떻게' 할지를 정해야 하는 시대입니다.

패스트 팔로어에서 벗어나 퍼스트 무버가 되려면 세 가지 질문에 답할 수 있어야 합니다.

1. 신사업의 아이디어를 낼 수 있는가?

2. 신사업의 추진 여부를 결단할 수 있는가?

3. 신사업을 실행할 책임자는 누가 정할 것인가?

신사업이란 완전히 새로운 분야만을 뜻하지 않습니다. 기존 사업이라도 사업 모델을 바꾸거나 새로운 아이디어를 접목하는 것도 신사업에 포함됩니다. 기회가 많지만, 위험도 큽니다. 선진 사례를 카피하는 일과 스스로 성공 사례를 만들어내는 것은 차원이 전혀 다른 일입니다. 그럼에도 오너나 경영자가 신사업이나 신규 프로젝트 추진을 회피하고 기존 사업의 효율화에만 집중한다면, 성장은 정체되고 결국 쇠퇴하게 됩니다.

최근 우리나라에서 신사업이 잘 발굴되지 않는 이유는 앞서 언급한 제도적 한계도 있지만, 리더들의 도전 정신이 약해진 것도 큰 요인입니다. 더는 아이디어를 외부에서 가져올 수 있는 시대가 아닙니다. 스스로 찾아야 합니다. 그러나 오너 혼자서는 감당할 수 없고, 과거처럼 비서실이 모든 정보를 수집해 올 수도 없습니다. 이

제는 집행부의 경험과 외부 네트워크를 활용한 '집단 지성'의 지혜
가 필요합니다. 현장의 흐름을 읽고, 신사업의 단서를 찾아내는 능
력이 조직 내부에서 나와야 합니다.

각 조직의 권한과 범위, 역할과 책임, 검증과 조정 기능을 바꾸
지 않는 한 기업이 지속적으로 성장하기는 어렵습니다. 기업이 어
려워지는 이유는 임직원이 무능해서가 아니라 시대 변화에 맞게
전략과 조직 제도가 바뀌지 않기 때문입니다. 국가로 치면 헌법을
정비하고 삼권분립을 통해 견제와 균형을 확립해야 하는 것과 같
습니다. 그 균형이 깨지면 잠시 괜찮아 보일 수 있어도 결국 쇠퇴합
니다. 기업도 마찬가지입니다.

지금 우리 기업이 어려운 이유는 각 프로젝트와 사업에 대한
검증과 조정 기능이 약한 구조 탓이기도 합니다. 그러나 더 큰 원인
은 신사업에 도전하지 않는 기업가정신의 퇴조입니다. 신사업 아
이디어를 사업화할지 말지 여부를 충분한 논의와 점검 없이, 비서
실의 도움만으로 오너가 단독 결정한다면 실패의 책임은 누구에게
있겠습니까? 그 결정 과정에는 어떤 조직이 참여해야 할까요? 그리
고 신사업을 실제로 수행할 책임자, 즉 CEO가 적합한 인물인지 아
닌지는 누가 판단해야 할까요?

미래 인재를 키우는 인사제도

회사의 지배구조나 부문 간 역할이 정해지면 실행을 담당할 부서의 제도도 필요합니다. 국가가 헌법을 제정한 뒤 실제 생활에 필요한 법률을 만드는 것과 같습니다. 실행을 위한 인력 관련 제도는 인사, 평가, 교육 훈련, 이렇게 세 가지 축으로 나눌 수 있습니다.

먼저 인재를 선발하는 과정을 살펴보겠습니다. 과거에는 신입 사원을 대부분 그룹 공채 제도로 뽑았습니다. 시험과 면접을 보는 입시와 비슷한 방식이었습니다. 성실하고 실수하지 않는 모범생을 뽑는 구조였지요. 패스트 팔로어 시대에는 괜찮은 방법이었지만, 이제 더는 효과적이지 않습니다.

최근에는 수시 채용으로 바뀌고 있지만 선발 철학은 여전히 같습니다. 출신 학과와 학점을 가장 중요한 기준으로 삼고 있기 때문입니다. 그러다 보니 학생들은 쉬운 과목만 수강하고 불필요한 재수강으로 학점을 세탁하며 여러 자격증을 따서 스펙을 쌓습니다. 하지만 이런 방식은 실제 업무에 별 도움이 되지 않습니다. 기업에서는 쓸 만한 사람이 없다고 하면서도 또다시 자체 시험을 보고 있습니다. 과연 의미 있는 절차인지 의문입니다.

인사팀에서 각 부서의 인원 요청을 취합해 뽑은 뒤 임의로 배치하는 방식은 산업화 시대의 유산입니다. 이제는 부서장이 직접 필요한 인력을 선발하고 훈련해야 합니다. 그래야 부서장의 인사 관리 능력도 향상되고, 책임감도 생깁니다. 당장 그렇게 바꾸기 어렵다면 인사팀이 모집을 진행하되, 부서장이 면접을 통해 자기 팀에 적합한 인재를 고르는 형태로 바꾸어야 합니다.

모두를 똑같이 가르치면 누구도 성장하지 않는다

지금 우리에게 필요한 인재는 호기심이 많고 창의적인 사람입니다. 미국에서는 학벌보다 실력을 봅니다. 코딩coding 능력이 뛰어나면 박사보다 높은 연봉을 받기도 하고, 뛰어난 해커라면 고등학교 졸업자라도 채용합니다. 실력이 학벌보다 중요하기 때문입니다. 최근 미국 AI 소프트웨어 기업 팔란티어Palantir가 "현재의 대학 교육은 돈과 시간 낭비"라며 고등학생을 입사시키겠다는 실험도 시도하고 있습니다. 반면 우리는 학벌을 보지 않겠다고 블라인드 채용을 도입했지만, 면접관이 사고력이 아닌 지식을 테스트하는 질문을 한다면 과거와 다를 바 없습니다. 결국 능력을 제대로 평가하지 못하고 좋은 인재를 뽑지 못합니다.

교육 훈련 제도도 마찬가지입니다. 과장, 부장, 임원 등 직급이 바뀔 때마다 집단 교육을 하지만, 담당 업무나 개인의 특성은 고려하지 않습니다. 획일적인 강의 중심 교육으로는 무난한 인재를 만드는 데 그칠 뿐, 창의적 인재를 키우기는 어렵습니다.

부장급부터는 인재를 전문가로 키울 것인지, 경영자로 키울 것인지 판단해야 합니다. 교향악단으로 비유하면 솔리스트(soliste, 혼자 노래 또는 연주하는 사람)로 성장시킬 것인지, 지휘자로 키울 것인지 정해야 한다는 뜻입니다. 지휘자는 바이올린을 직접 연주할 필요가 없습니다. 어느 파트의 소리가 이상한지 듣고 전체를 조율할 수 있으면 됩니다. 기업도 마찬가지입니다. 경영자는 연구개발, 영업,

생산, 재무 등 모든 분야에서 최고일 필요가 없습니다. 각 분야에 적합한 사람을 선발하고 조율하는 것이 경영자의 역할입니다.

그러나 우리는 한 분야에서 뛰어난 성과를 보인 사람에게 지휘봉을 맡기는 경우가 많습니다. 그러다 보니 전문가로 성장하지도 못하고, 조직 관리도 제대로 하지 못합니다. 개인도 손해를 보고 회사도 손해를 봅니다. 어느 정도 직급이 되면 전문가technical ladder로 육성할지, 경영자management ladder로 육성할지를 결정하고 이에 맞는 훈련을 시켜야 합니다. 이런 구조를 뒷받침하기 위해 저는 전작 《초격차》에서 마스터master와 펠로fellow 제도를 제안했습니다.

설명하자면 기술 개발에 탁월한 재능을 보이지만 조직 운영에 관심이 없는 사람이 있을 수 있습니다. 새로운 제품을 연구해서 생산하는 데는 능숙하지만, 사람을 다루는 능력이 부족한 인재도 있기 마련입니다. 이런 사람에게는 임원급에 해당하는 마스터와 펠로의 직책을 부여해서 성장시키는 것입니다.

대신 이 사람들에게는 조직 관리나 운영 경험이 없으므로 후배가 당신의 상사가 될 수 있다는 사실을 받아들이게 해야 합니다. 자신의 전공 분야에서 두각을 나타내게 하면 이 사람들은 대개 자신의 위치를 받아들이고 성장하게 됩니다. 전문가를 전문 영역에 맞게 키우고, 그 역량을 조직 전체가 활용할 수 있도록 제도를 정비해야 합니다.

왜 우리는 도전하는 인재를 키우지 못하나?

우리나라 기업의 승진 제도는 기본적으로 녹다운knock-down 방식의 토너먼트 구조로 볼 수 있습니다. 단계별로 승자는 올라가고 패자는 탈락합니다. 여기서 승자란 일하는 과정에서 실수나 실패가 없거나 적은 사람을 말합니다. 사원일 때 주어진 일을 실수 없이 제일 잘한 사람이 과장이 되고, 과장에서 실수가 적은 사람이 부장이 되며, 마찬가지로 임원도 그런 과정을 거쳐 승진합니다. 결국 CEO가 된 사람은 실수를 가장 적게 한, '기록상 제일 우수한 사람'입니다.

이런 구조에서 성장한 사람들은 대체로 '실수해서는 안 된다'라는 강박을 갖게 됩니다. 실패할 가능성이 있는 사업이나 적자 사업을 맡으라고 하면 여러 이유를 들어 피하려 합니다. 카피 시대에는 성공했을 때의 보상보다 실패했을 때의 페널티가 훨씬 컸기 때문에, 안전하게 일하는 것이 최선이었습니다. 반면 실리콘밸리에서 존중받는 사람은 실패하지 않은 사람이 아니라, 도전해서 무언가를 만들어낸 사람입니다.

이를 골프에 비유하자면 이렇습니다. 아마추어 골퍼의 전략은 실수를 줄이는 것입니다. 대부분의 홀에서 파(par, 기준 타수)를 노리고, 쉬운 홀에서만 버디(birdie, 기준 타수보다 1타 적게 치는 것)를 노립니다. 이들은 보통 72타, 즉 이븐파even par를 목표로 하면서 우승을 노립니다. 위험을 감수하기보다는 안정적으로 경기하는 것이죠. 아마추어로서는 당연한 전략입니다.

반면 프로 골퍼는 다릅니다. 파만 기록해서는 우승은커녕 정식 투어에도 나갈 수 없습니다. 프로선수는 벙커나 물 같은 헤저드hazard, 즉 리스크가 있어도 과감하게 버디를 노립니다. 실패하면 컷오프cut-off될 수도 있지만, 성공하면 정상에 오를 수 있습니다. 이 전략의 차이가 바로 실력의 차이를 만듭니다.

지금 우리나라 기업들은 아마추어 골퍼 전략을 따르고 있습니다. 실수를 줄이고 안전하게 가는 것이 기본 방향입니다. 그러나 지금은 프로 챔피언이 필요한 시대입니다. 도전하고, 실패를 감수하면서도 탁월한 결과를 만들어내야 합니다.

에버리지 아닌
레버리지를 키워라

현재 우리 경영자들은 평균을 높이는 데 집중하고 있습니다. 모두의 수준을 조금씩 올리는 것, 즉 전체적인 평균average을 끌어올리는 데 머물러 있습니다. 하지만 기술과 산업이 융·복합화되는 시대에는 경쟁자가 어디서 나타날지 알 수 없습니다. IT업체가 자동차 산업에 뛰어드는 세상입니다. 우리에게 필요한 것은 평균을 높이는 것이 아니라 레버리지leverage를 갖는 것입니다. **'우리가 더 잘한다'가 아니라 '우리만 할 수 있다'라는 영역을 찾아야 합니다.** 누구도 흉내 낼 수 없는 아이디어가 필요합니다.

골프의 비유를 계속 들자면 프로와 아마추어는 태도부터 다릅니다. 아마추어는 가끔 경기에 나가고, 컨디션이 좋을 때 우승할 수도 있습니다. 그러나 프로는 매주 대회에 나가야 합니다. 꾸준한 체력과 멘탈 관리가 필수입니다. 그래서 프로들은 겨울에도 훈련을 멈추지 않고 웨이트 트레이닝으로 체력을 다집니다. 예전처럼 봄에 몸을 풀고 경기 감각을 되찾는 식으로는 버틸 수 없습니다. 아마추어는 특정 시점에만 집중하면 되지만, 프로는 항상 최고 컨디션을 유지해야 합니다. 기업도 마찬가지입니다. 매주 이어지는 시장 경쟁 속에서 살아남으려면 체력과 멘탈, 즉 지속 가능한 경쟁 루틴이 필요합니다. 지금 우리 기업의 인재 육성 방식은 여전히 아마추어 수준에 머물러 있습니다. 진정한 프로 세계로 나가기 위한 체계적 훈련이 절실합니다.

이런 변화가 필요한 이유는 세상의 판이 바뀌었기 때문입니다. 과거의 성공 방식은 정답이 있는 문제를 찾아내는 것이었습니다. 전교 하위권이던 학생이 족보와 기출문제를 열심히 외워 상위권으로 올라간 것과 비슷합니다. 하지만 이제는 시험 자체가 바뀌었습니다. 교수가 바뀌고, 예상치 못한 문제를 냅니다. 과거의 기출문제는 더는 통하지 않습니다. 세상의 구도가 완전히 달라진 것입니다.

지금과 같은 토너먼트 방식의 인사 구조에서는 누구나 탈락을 두려워하게 됩니다. 새로운 시도를 하지 않고 현상 유지에만 몰두합니다. 이 틀을 깨야 합니다. 인사는 리그 방식으로 바뀌어야 합니다. 리그전은 여러 팀과 싸우며, 때로는 이기고 지면서 실력을 쌓는 구조입니다. 세 번 중 한 번은 질 수도 있지만, 세 번 중 한 번은 이길 수도 있습니다. 중요한 것은 이기는 기회를 주는 제도입니다. 잘하는 사람에게 도전할 기회를 수고 리더를 키우는 인사 시스템이 필요합니다.

이건희 회장의 "한 명의 천재가 수만 명을 먹여 살린다."라는 말이 실감 나는 세상입니다. AI 시대에는 엔비디아의 젠슨 황, OpenAI의 샘 알트만, 테슬라의 일론 머스크처럼 한 사람이 산업 전체를 좌우합니다. 우리나라도 이젠 레버리지를 가진 기술자, 경영자가 필요한 시기가 되었습니다.

연공서열과 능력 위주, 무엇을 선택할 것인가?

우리나라는 오랫동안 연공서열이 승진 제도의 근간이었습니다. 일본 기업도 마찬가지였습니다. 유교적 장유유서長幼有序 문화의 영향도 있고, 카피 시대에는 경험 많은 선배가 먼저 승진하는 것이 자연스럽다고 여겨졌기 때문입니다. 반면 서양, 특히 미국에서는 철저히 능력 중심으로 승진이 이루어집니다. 자신이 채용했던 신입 사원이 상사가 되는 경우도 흔합니다. 후배라도 실력이 좋으면 쉽게 인정하고, 불합리하다고 느끼면 회사에서 과감히 떠나는 문화도 작용합니다. 그래서 인사 갈등이 크게 벌어지지 않습니다.

하지만 우리나라는 학연·지연으로 서로 얽힌 경우가 많아, 후배가 상사가 되면 관계가 어색해지고 업무도 원활히 진행되지 않는 사례가 적지 않습니다. 경쟁이 치열한 시대에는 능력 중심 인사가 필수지만, 현실에서는 쉽게 정착되지 못하고 있습니다. 미국에서는 가능한데 동양권에서는 왜 힘들까요? 미국 회사에서는 상사 이름을 부르면서 평소 대하는 자세는 친구 관계인 것처럼 보이지만, 일하는 과정에서는 우리나라보다 훨씬 위계질서가 있습니다. 부하를 해고할 수 있는 절대 권력을 갖고 있습니다.

상사가 부하에게 영향력을 행사하는 방법은 '인사권'과 '예산권'입니다. 미국은 바로 위 상사가 부하를 즉시 해고하기도 하고 팀에서 퇴출하는 인사권을 행사할 수도 있습니다. 물론 그 결과에 대해서는 본인이 책임을 집니다. 반면에 우리는 부장이 부하 과장에게, 임원이 부장에게 그렇게 할 권한이 없습니다. 겨우 고과를 낮게 주는 것뿐이지요. 그러니 상사 입장에서는 조직 관리가 더 어려울지도 모릅니다.

최근 우리 기업들도 능력이 뛰어난 인재를 대발탁하는 경우가 늘고 있습니다. 그러나 여전히 순혈주의 문화가 강해 부작용도 큽니다. 임원 승진 단계에서 동기와 격차가 지나치게 벌어지면 조직 관리가 어렵고, 승진자는 업무보다 관계 관리에 더 많은 에너지를 쏟게 됩니다. 미국처럼 상사에게 절대적 권한이 있는 구조가 아니다 보니, 선배 구성원을 설득하며 일해야 하고, 실제 업무에 집중하기가 쉽지 않습니다.

따라서 저는 한 번에 큰 폭으로 앞서가기보다, 단계마다 조금씩만 앞서도록 승진 간격을 조정하고, 사장급으로 진급할 때는 누적되어 훨씬 앞서게 하는 것이 좋다고 생각합니다. 사장은 그래도 인사권이 있기 때문입니다. 조금 앞서면 '나도 노력해야지'라는 마음이 생기지만, 너무 앞서면 시기와 질투가 생깁니다. 이것이 인간의 본성입니다.

진정한 능력 위주의 승진 문화를 정착시키려면, 상사에게 절대 권력을 주고 책임도 지게 하는 제도를 만들어야 합니다.

인재를 확보하고
유지하는 방안

전 세계적으로 인재 전쟁이 벌어지고 있습니다. 우리나라도 예외가 아닙니다. 기업에서는 '쓸 만한 사람이 없다'라고 말하고, 청년들은 '일자리가 없다'라고 아우성칩니다. 기업이 원하는 분야의 인재는 부족하고, 청년들은 처우와 근무 여건이 좋은 기업만 선호합니다. 전형적인 수요와 공급의 미스매치mismatch가 일어나고 있는 셈입니다.

인재 수요 측면에서 보면 과거 카피 시대에는 전공이 달라도 일정 기간 교육과 훈련을 시키면 인재로 활용할 수 있었습니다. 그러나 이제는 상황이 다릅니다. AI, 반도체, 바이오 같은 첨단 기술 분야의 인재는 단기간에 길러지지 않으며, 배출되는 인원도 턱없이 부족합니다. 게다가 이런 인재들은 근무 환경과 처우가 더 나은 나라로 빠져나가고 있습니다. 이른바 두뇌 유출brain drain이 가속화되는 것이지요. 결국 유능한 인재는 해외로 떠나고, 필요한 교육을 받지 못한 인력은 일자리를 얻지 못하는 악순환이 반복됩니다.

왜 이렇게 공급이 부족할까요? 인구 감소라는 근본적인 원인도 있지만, 제한된 자원을 효율적으로 활용하지 못하는 제도의 탓이 큽니다. 앞서 언급했듯이 대학이 시대의 변화를 유연하게 반영하지 못하고, 학과와 정원을 수십 년째 고정해 두고 있습니다. 교육부의 간섭과 입시 제도 탓도 있지만, 대학 스스로의 책임도 큽니다. 결국 피해는 학생들에게 돌아가고 있습니다.

왜 '문송(문과라 죄송합니다'의 줄임말)'이라는 말이 생겼을까요? 왜 이공계 학생들이 과학·공학 아닌 의학으로 몰릴까요? 이 현상은 단순한 개인의 선택 문제가 아니라 교육제도의 구조적 실패를 보여줍니다.

대학원 과정에서는 전공 분야가 분명히 필요하지만, 학부 과정에서는 이야기가 다릅니다. 학부생들은 소속 학과에 상관없이 다양한 과목을 자유롭게 공부할 수 있어야 합니다. 입학할 때 자신의 적성을 제대로 알고 있는 학생이 과연 얼마나 될까요? 대부분은 잘

모른 채 점수에 맞춰 학과를 선택합니다. 그래서 자신이 잘할 수 있는 분야를 찾도록 돕는 것이야말로 대학이 가장 먼저 해야 할 책임입니다.

지금과 같은 학과 중심의 지식 전달 체계에서는 변화에 대응하기 어렵습니다. 대학은 학생들이 어떤 현상을 분석하고, 추론하고, 질문하고, 상상할 수 있는 능력을 키워주는 체계로 바뀌어야 합니다. 단순히 지식을 주입하는 것이 아니라 스스로 생각하고 응용하는 힘을 길러주는 방향으로 가야 합니다.

물론 특정 분야로 쏠리는 현상은 피할 수 없겠지만, 각 전공에 필요한 인재가 일정 수준으로 유지되도록 전액 장학금과 같은 혜택을 제공하는 정책적 장치가 필요합니다. 지금과 같은 형태의 대학 교육이 계속된다면, 기업의 인재난은 더욱 심해지고 청년 실업률은 계속 높아질 것입니다.

벼락치기 학과 신설은 임시방편일 뿐이다

우리나라 각 산업의 경쟁력을 높이려면 석·박사급 인력이 수만 명

  다시, 초격차

이상 필요하다고 합니다. 그러나 인재난을 단기간에 해소하기 위해 벼락치기로 학부에 반도체 학과, AI 학과를 신설하는 정책은 지양해야 합니다.

학생이 당일치기로 시험을 준비하면 낙제는 면할 수 있어도 전교 1등은 절대로 할 수 없는 것처럼, 산업도 마찬가지입니다. 급하게 만들어진 학과는 단기적인 성과는 있을지 몰라도 장기적으로는 산업 전체의 경쟁력을 떨어뜨릴 수 있습니다.

이런 식의 긴급 처방으로 특정 학과를 계속 만들다 보면, 이는 대학 내에 더 많은 사일로(silo, 조직 내부가 벽처럼 분리되어 소통·협업이 단절된 상태)를 만들어내는 결과로 이어집니다. 특정 조직이 구조화되고 고착되기 시작하면 오히려 경쟁력이 떨어지는 경우가 많습니다. 초기에야 우수 인재가 모여 긍정적인 효과가 생기지만 시간이 지나면 점차 폐쇄성과 순혈주의가 자리 잡습니다. 외부 인재가 들어올 수 없는 구조가 되면서 병폐가 생기기 시작합니다. 내부 구성원들은 서로의 장단점을 너무 잘 알기 때문에, 절대 경쟁이 아닌 상대 경쟁에 빠집니다. 이런 비교 구조 속에서는 개인의 실력을 극대화하기 어렵습니다.

반면 실리콘밸리는 다릅니다. 전 세계에서 모인 사람들이기 때문에 서로를 잘 모릅니다. 그래서 서로를 비교하기보다 자신의 역량을 절대적으로 끌어올리는 데 집중합니다. 이것이 바로 '맥시멈 경쟁maximum competition'이며, 실리콘밸리에서 혁신이 끊이지 않는 이유입니다.

사실 반도체 학과를 만든다고 해서 그 졸업생이 모두 국내에 남는다는 보장도 없습니다. 더 좋은 조건을 제시하는 나라가 있으면 유능한 인재는 언제든지 해외로 떠날 수 있습니다. 최근 엔비디아나 퀄컴이 국내에 연구소를 확대하는 이유는 그 인재들을 흡수하려는 의도도 있을 겁니다. 따라서 **학과를 만드는 것보다 더 중요한 것은 '인재가 머물고 싶게 만드는 나라와 조직 그리고 제도'를 만드는 일입니다.**

게다가 반도체 산업은 설계뿐 아니라 전자, 재료, 기계, 물리, 화학, 데이터 등 다양한 분야의 기술이 융합되어야 돌아갑니다. 반도체 학과에 자원을 집중하면, 다른 분야에는 자원이 부족해지는 왜곡 현상이 발생합니다. 그래서 반도체 학과를 따로 만드는 것보다 각 학과에 반도체 관련 프로젝트를 확대해 전 분야의 인재를 고르게 육성하는 것이 바람직합니다. 야구에서 투수가 가장 중요하다고 해서 투수만 키우는 전략으로는 우승할 수 없는 것과 같습니다. 포수도, 타자도 모두 필요합니다.

중국은 국가 차원에서 '제조 2025', '제조 2035' 같은 장기 계획을 세우고, 체계적으로 인재 육성과 지원 정책을 진행하고 있습니다. 그 결과 세계 첨단 산업의 선도국으로 자리 잡고 있습니다. 반면 우리나라는 정부, 대학, 기업 어느 조직도 미래에 어떤 기술이 필요하고, 어떤 산업을 육성해야 할지에 대한 장기 계획을 세우지 않고 있습니다. 계획이 있어야 제도가 생기고, 제도가 있어야 인재를 키울 수 있습니다.

많은 경영자가 "AI 시대에는 인재 교육을 어떻게 해야 할까?"를 고민합니다. 우리는 여전히 '지식 중심 사회'에 살고 있고, 지식이 많을수록 경쟁력이 높다고 믿어왔습니다. 그러나 이제는 AI가 인간보다 지식을 더 많이 갖고 있을 뿐만 아니라, 분석과 추론까지 가능한 단계에 도달했습니다. 실제로 "신입사원보다 AI의 업무 처리 능력이 낫다."는 이야기가 일반 기업은 물론 법률 사무소 같은 전문 조직에서도 나오고 있습니다. 지식이 더는 경쟁력의 전부가 아니라는 뜻입니다.

그렇다면 앞으로 경쟁력을 갖추려면 무엇이 필요할까요? 바로 AI가 대신할 수 없는 인간 고유의 역량, 호기심에서 출발하여 질문하고 상상하는 능력입니다. AI는 아인슈타인처럼 호기심도 없고 상상력도 없으니, 상대성 원리와 같은 혁신적 개념을 스스로 발견하지는 못합니다. 따라서 어떤 현상이나 사물을 보면서 "왜 저게 저럴까?"라는 질문을 자연스럽게 던지는 사고 훈련이 꼭 필요합니다.

물론 질문을 잘하기 위해서도 기본적인 지식은 갖춰야 합니다. 이제 지식은 경쟁력의 필요조건일 뿐, 충분조건이 아닙니다. 지식을 바탕으로 더 높은 수준의 호기심을 갖고, 질문하고, 상상할 수 있는 능력이 앞으로의 충분조건이 될 것입니다.

이제 단순히 강사를 초빙해 지식이나 경험을 듣는 기존의 교육·훈련 방식은 큰 효과가 없을 수도 있습니다. 그런 목적이라면 차라리 세상의 모든 지식을 가진 AI를 활용하는 것이 더 나을 수 있습니다. 그러나 AI는 우리가 질문해야만 작동하고, 질문의 수준에 따라 답변도 달라집니다. 결국 능력 있는 인재를 키우는 첫 번째 단계는 '좋은 질문을 던지는 연습'입니다.

예전에는 많이 아는 사람이 좋은 인재였습니다. 패스트 팔로어 시대에는 빠르게 정답을 찾는 능력이 중요했기 때문입니다. 그러나 시대가 바뀌었습니다. **AI 시대에는 얼마나 많이 아느냐보다, '올바른 질문'을 할 수 있느냐가 훨씬 중요합니다.**

인력을 채울 것인가, 인재를 키울 것인가?

우리나라의 경제 규모와 미래 성장을 고려할 때, 국내 인력을 최대한 활용하더라도 인력 부족 문제는 계속될 것입니다. 이제는 해외 인재를 적극적으로 활용할 방법을 찾아야 합니다. 그러나 단순히 '인력이 부족하니 외국 인재를 데려오자'라는 식의 접근으로는 안 됩니다. 이미 많은 나라가 외국인 인력 문제를 겪었고, 그 결과는 뚜렷하게 갈렸습니다.

유럽은 주로 단순 노동력 대체를 위해 외국 인력을 대거 받아들였습니다. 단기적으로는 노동력 부족을 해소했지만, 장기적으로는 이민자와 그 자녀들이 사회에 뿌리내리지 못하고 하층 계급으로 고착되면서 심각한 사회 문제가 발생했습니다. 그 결과 사회적 갈등이 커지고, 극우 정서가 확산되는 배경이 되었습니다.

반면 미국은 다른 길을 걸었습니다. 물론 문제도 있지만, 단순 노동자뿐 아니라 창의적이고 숙련된 기술 인력을 적극적으로 받아들이는 제도를 세계에서 가장 성공적으로 운영해 왔습니다. 이민자 중에서도 특히 고급 인재를 유치해 국가적으로 엄청난 혜택을 얻었지요. 미국은 여전히 외국인에게 비교적 포용적인 나라입니다. 좋은 아이디어만 있다면 큰 성공을 거둘 수 있는 환경이 갖춰져 있어, 지금도 각국의 우수 인재들이 가장 가고 싶어 하는 나라가 미국입니다.

우리나라는 아직도 외국인이 정착하기 어려운 사회입니다. 그러나 지속적인 경제 발전을 위해서는 외국 인재를 활용할 수밖에 없는 상황이 되고 있습니다. 그런데 현재 논의되는 이민 정책을 보면, 대부분 국내 인력난을 보충하기 위한 단순 노동력 중심의 제도에 머물러 있습니다. 저급한 일에 종사하는 외국인 노동자가 사회적으로 낮은 대우를 받게 되면, 시간이 지나면서 반한反韓 감정을 가질 가능성이 높습니다.

과거 우리나라 중소기업의 경쟁력은 값싼 노동력에 있었습니다. 그러나 이제는 그 시대로 돌아갈 수 없습니다. 중소기업이 생존하려면 남이 하지 못하는 기술이 있어야 하지만, 우수 인재를 확보하지 못해 연구개발 자체를 시작하지 못하는 곳이 많습니다.

따라서 단순히 '인력이 부족하니 데려오자'가 아니라, 어떤 인재를 어떻게 받아들이고 그들이 우리 사회에서 어떻게 자기의 경력을 쌓아갈 수 있을지에 대한 구체적인 논의가 필요합니다. 예를 들어 아시아권의 우수 인재에게 장학금을 지급해 국내에서 교육하고, 일정 기간 국내 기업에 근무하면 영주권을 부여하는 방식도 고려할 수 있을 것입니다. 그래서 국비를 투입해서라도 외국 유학생을 국내 석·박사 과정에서 교육시키고, 졸업 후 국내 기업에 취업시켜 연구개발 인력으로 육성해야 합니다. 1950~60년대 미국이 수많은 외국 학생에게 장학금을 주어 석·박사로 키우고, 그들이 미국 사회에 정착하도록 한 것과 같은 맥락입니다.

앞으로 이민청을 신설한다면 법무부·산업부·교육부·노동부 등 범부처가 함께 관여하여 미래를 대비한 제도를 만들어야 합니다. 고급 인재를 유치할 수 있느냐의 문제는 국가 제도의 정합성과 한국 사회의 개방성에 달려 있습니다. 단순히 단기 인력 부족을 채우기 위해 외국인 노동자 수를 늘리는 식으로 접근하면 유럽의 전철을 밟을 수도 있다는 것을 잊지 말아야 합니다.

창업은 아이디어로 시작하지만, 성장은 사람으로 결정된다

요즘 저는 스타트업 창업자들을 자주 만나고, 멘토링도 하고 있습니다. 처음 만났을 때 창업 이유를 물어보면 대부분 이렇게 답합니다. "좋은 아이디어가 있었고, 그게 사업이 될 것 같아서요." 아주 단순한 동기이지만, 실제로 많은 창업이 그렇게 시작됩니다. 그런데 몇 명으로 시작한 회사가 규모가 커지고 직원이 늘어나면, 인재 관리에 문제가 생기기 시작합니다. 스타트업도 인재 경쟁이 치열하다 보니 "어떻게 해야 좋은 인재를 유치하고, 떠나지 않게 붙잡을 수 있을까?" 하는 고민을 하게 됩니다.

중소·중견 기업의 오너들도 인재 문제로 늘 고민합니다. 쓸 만한 사람을 구하기도 어렵고, 어렵게 키워놓으면 다른 회사로 가버린다고 하소연합니다. 급여는 대기업보다 적고, 회사는 주로 지방에 있으며, 개인의 성장 경로도 불투명하니 더 나은 조건을 찾아 이직하는 것은 어쩌면 자연스러운 일일지도 모릅니다.

'어떻게 붙잡을 것인가'를 고민하기에 앞서 '왜 떠나려 하는지'를 먼저 알아야 합니다. 급여 때문인지, 동료나 상사와의 갈등 때문인지, 혹은 성장 기회의 부재 때문인지 여러 요인 중에서 진짜 이유를 찾아야 합니다. 단순한 추측만으로는 제대로 된 대책을 세울 수 없습니다.

1,000번째 입사자도 감동할 비전이 있는가?

신입사원이나 경력사원이든, 창업자가 왜 이 회사를 세웠고 어떤 창업 정신으로 시작했는지를 이해하기는 어렵습니다. 창업 초기에는 생존 자체가 시급해 비전이란 창업자의 머릿속에만 있었을 가능성이 큽니다. 설령 비전이 있어도, 대부분의 회사가 내세우는 비전과 미션 스테이트먼트mission statement가 추상적인 단어로 채워져 있어 감흥이 없습니다. '인류 사회에 기여한다', '가치를 창출한다' 같은 문구는 의미는 있지만, 누구의 마음에도 울림을 주지 못합니다.

이병철 회장이 삼성그룹을 창업하며 내세운 '사업보국事業報國'이나, 이건희 회장이 삼성을 글로벌 초일류 기업으로 만들기 위해 선언한 "마누라와 자식만 빼고 다 바꾸자."라는 말이 훨씬 가슴에 와닿는 이유입니다. 빌 게이츠가 마이크로소프트를 창업하며 "개인이 소유할 수 있는 컴퓨터를 만들겠다."라고 말한 것도 같은 맥락입니다. 이런 강렬한 목적의식이 있었기에 그들의 조직은 방향을 잃지 않았습니다.

분명한 목적은 개인과 조직 모두에게 방향을 잡아 주는 나침반이 됩니다. 문제는 지금의 기업들이 이 '목적'을 명확히 제시하지 못하고 있다는 것입니다. 그 결과, 사람들은 회사를 선택할 때 회사의 비전보다 연봉이나 복지 수준을 더 중요하게 여기게 되었습니다. "내가 이 회사에서 무엇을 할 수 있을까?"라는 기대보다 "여기는 급여와 복지가 좋다던데"라는 판단이 앞서는 것이죠. 이렇게 되면 조직은 점점 힘을 잃습니다. 그래서 저는 창업자들에게 이렇게 말합니다.

"당신의 사업이 1,000번째 입사자에게도 감동을 줄 수 있습니까?"

이 질문을 스스로 점검해야 합니다. 이 점에서 일론 머스크는 '목적 제시의 대가'라고 할 수 있습니다. 그는 "공해를 줄이기 위해 전기차가 필요하다.", "지구가 멸망할 경우를 대비해 화성으로 가야 한다."라는 식으로 분명한 목적을 제시합니다. 이렇게 강력한 목적이 있기에 사람들은 그와 함께 일하려고 합니다.

지금의 우리 사회와 기업은 이런 분명한 목적을 제시하지 못하고 있습니다. 그러다 보니 목표조차 제대로 세우지 못합니다. '화성에 가야 한다'라는 목적이 있으니 로켓을 개발하고, 발사 계획을 세우고, 사람을 훈련하는 목표가 생기는 것입니다. 목적이 없는 목표는 생명력이 짧습니다. 많은 기업이 단기 실적에만 집중하는 이유이기도 합니다.

우리나라의 교육도 마찬가지입니다. 명문대에 입학한 학생 중

상당수가 스스로 불행하다고 느낀다는 보고가 있습니다. 어릴 때부터 부모는 명문대 진학을 인생의 최종 목표인 것처럼 이야기합니다. 그러나 막상 입학하고 나면 "이제 무엇을 해야 하지?"라는 질문에 답을 찾지 못합니다. 그래서 삶의 방향을 잃고, 기대했던 만족을 느끼지 못하게 됩니다. 명문대에 들어가면 모든 문제가 해결될 줄 알았지만, 현실은 그렇지 않습니다. 오히려 허무함이 찾아오고 '나는 왜 이렇게 사는 걸까?'라는 의문이 생깁니다. 목적 없이 세운 목표가 낳은 전형적인 불행입니다.

제가 보기에 지금 우리 기업에서 우수 인재들이 떠나는 핵심 원인은 바로 여기에 있습니다. 리더가 비전을 제시하지 못하고 있기 때문입니다. 그리고 여기서 말하는 리더는 CEO만이 아닙니다. 사업부장, 창업자, 오너의 후계자 모두가 리더입니다. 저는 이것이 오늘날 우리 기업이 겪고 있는 본질적인 위기라고 생각합니다.

일하는 동기를 주려면 무엇이 필요한가?

좋은 인재가 떠나지 않고 일하게 하려면, 조직은 세 가지 '미味'를 갖추어야 합니다. **첫째는 의미** meaning, **둘째는 흥미** interesting, **셋째는 재미** enjoying **입니다. 그리고 이 세 가지와 더불어 그 과정에서 나온 성과를 함께 나눌 수 있는 적절한 보상** reward **이 뒤따라야 합니다.** 의미는 '목적', 흥미는 '목표', 재미는 '방법'에 해당합니다. 인생에서도 목적과 목표, 그리고 그것을 실현할 방법이 있고, 그 결과가 좋아야 행복해지는 것과 같습니다.

그렇다면 '의미'란 어떤 것일까요? 누구나 공감하고 감동할 수 있는 내용이어야 합니다. "돈을 많이 벌기 위해 창업했다."라고 말한다면 일부는 공감할 수 있겠지만 감동은 없을 것입니다. 반면 일론 머스크가 "환경오염을 줄이기 위해 전기차를 만들자.", "지구가 인류의 삶에 부적합해질 경우를 대비해 화성을 개척하자."라고 말했을 때, 사람들은 그 안에서 명확한 의미를 느꼈습니다. 그는 테슬라와 스페이스X의 설립에 '의미'를 부여한 것이죠. 사람들은 의미가 있는 일에 관심을 가지고, 흥미를 느끼면 스스로 참여하게 됩니다. 그렇게 자기가 하는 일에 의미를 느끼고 흥미가 있으면 쉽게 떠나지 않습니다.

하지만 지속적으로 함께 가기 위해서는 재미, 즉 일 자체의 즐거움도 필요합니다. 구성원끼리 협업하며 새로운 도전을 시도하고, 상식과 상상을 뛰어넘는 일에서 즐거움을 느낄 때 조직은 활력을 얻습니다. 그리고 마지막으로 적절한 수준의 보상이 주어져야 합니다. 그래야 일이 지속 가능합니다. 아무리 의미와 흥미, 재미가 있어도 소위 '열정 페이'만을 강요한다면 유능한 인재를 잡을 수 없습니다.

좋은 인재가 자꾸 떠나는 이유는 단순히 급여나 복지 때문만은 아닙니다. 의미를 찾지 못했기 때문입니다. "A 회사는 복지가 좋더라."라는 이유로 입사하는 사람이 많아지면, 그 회사는 이미 위기를 맞이한 것입니다. 복지는 인재를 유입시키는 데는 도움이 되지만, 지속 가능한 동력이 되지는 못합니다.

이 문제는 기업만의 과제가 아닙니다. 정부도 마찬가지입니다. 지금의 국가 시스템 역시 방향성을 잃고 있습니다. 제시되는 비전은 대부분 구호성 문구에 그치고, 구체적인 실행 계획이 없습니다. 'AI 3대 강국', '선진국 도약' 같은 표현은 많지만, 무엇을 지향하는지, 목적이 무엇인지, 어디로 가야 하는지, 실현되면 내게 어떤 혜택이 돌아오는지 명확하지 않습니다. 목표는 흐릿하고, 방법은 더 없습니다. 이대로라면 기업도, 국가도 뚜렷한 미래를 만들어가기 어렵습니다.

공정하고 효과적인 평가제도

우리 사회는 사람을 평가할 때 '공功'보다 '과過'를 먼저 보는 경향이 있습니다. 이런 모습은 장관 청문회에서도 잘 드러납니다. 정치적인 이유도 있겠지만, 능력을 검증하기보다 과거의 잘못을 캐묻는 데 더 많은 시간이 쓰입니다. 한국은 '채찍stick 중심'의 문화이고, 미국은 '당근carrot 중심'의 문화로 보입니다. 한국에서는 실패하면 질책부터 받지만 칭찬에는 인색한 편입니다. 반면 미국에서는 비교적 실패에 관대하고 성과를 낸 일에는 보상이 뒤따릅니다.

보상과 연결되는 것이 바로 '평가'입니다. 평가만큼 어려운 일도 없습니다. 조직 안에서 누가 기여를 더 했는지, 누가 더 잘했는지를 명확히 구분하기가 쉽지 않기 때문입니다. 완벽한 평가 시스템은 존재하지 않습니다. 개발, 영업, 제조, 인사 등 부서마다 업무의 성격이 다르므로 일률적인 기준을 적용하기도 어렵습니다. 그렇다고 각 부서에 다른 기준을 적용하면 '공정성' 논란이 생깁니다.

공정성은 평가자가 아니라 평가를 받는 사람의 시선에서 판단됩니다. 부서장이 아무리 공정하게 평가했다고 생각해도, 부하가 그렇게 느끼지 못하면 문제가 됩니다. 평가가 공정하지 않다고 느껴지면 조직문화는 흔들리기 시작합니다. '나는 밤새도록 일했는데 왜 저 동료가 더 좋은 평가를 받지?'라는 생각이 들면 협력이 어려워집니다. 그래서 평가에는 완벽한 정답이 없더라도 최소한 보편타당한 원칙은 필요합니다. 단순히 숫자나 결과만 볼 것이 아니라, 각자의 노력과 맥락까지 고려해야 합니다.

절대평가와 상대평가, 어떻게 운영해야 할까?

우리나라 대부분의 기업은 상대평가를 합니다. 가령 상위 몇 퍼센트는 A, 그다음은 B, 나머지는 C로 나누는 방식입니다. 단순 반복

업무라면 결과를 수치화할 수 있어 상대평가가 비교적 유효하지만, 창의적 업무나 전략 과제에는 한계가 있습니다. 현실을 제대로 반영하지 못하고 불만이 쌓이기 쉽습니다. 부서장에게 평가 조정 권한이 부족하면, 회사 제도를 탓하게 되고 인사팀은 뒷수습만 하게 됩니다.

음악을 잘하는 사람과 수학을 잘하는 사람을 같은 기준으로 평가할 수 있을까요? 절대적인 기준이 필요한 영역도 있지만, 모든 것을 상대평가로 나누는 구조는 문제입니다. 연구개발처럼 아이디어 중심의 부서나 영업처럼 시장을 개척하는 부서는 절대평가가 더 적합합니다.

"모두에게 A를 주면 어떡하나요?"라는 우려가 있을 수 있습니다. 그러나 그 부서의 실적이 뒷받침되지 않으면 결국 부서 전체가 F를 받게 하면 됩니다. 그렇게 하면 평가자가 스스로 판단과 조정의 책임을 갖게 됩니다.

지금 우리 기업은 절대평가도, 상대평가도 제대로 하지 못하고 있습니다. 상사는 평가 기준에 대한 훈련이 되어 있지 않아 단순히 A, B, C 등급을 배분합니다. 실력이 부족한 상사는 성과보다 정성에 끌려 '그래도 B 등급은 줘야지' 하는 식으로 판단하기도 합니다. 이런 식이면 조직은 발전할 수 없습니다.

절대평가도 마찬가지입니다. 모든 사람에게 A 등급을 주면, 인건비만 늘어나고 실질 성과는 없습니다. 한 교수가 학생 전원에게 A나 B 학점을 주는 경우가 있습니다. 정말 모든 학생이 그럴 자격이 있다면 괜찮지만, 그렇지 않다면 포퓰리즘에 불과합니다. 책임 없이 퍼주는 평가는 조직을 망칩니다. 성과가 없다면 그 책임은 부서장에게 있으며, 시스템적으로 관리되어야 합니다.

결국 평가는 단순한 등급 매기기가 아닙니다. 각자의 역할과 기여를 정밀하게 구분하고 설계해야 합니다. 그런데 우리는 이런 복잡한 맥락을 고려하지 않은 채 뭉뚱그려 평가하는 경우가 많습니다. 기준이 명확하지 않으면 오히려 불신만 커집니다.

조직 내에서 새로운 시도를 추진할 때, 그것이 기존 사업과 속성이 다르다면 별도의 조직을 만드는 것이 바람직합니다. 왜냐하면 새로운 일을 하는 사람에게만 높은 평가를 주면, 모두가 새 일에만 몰두하게 되어 기존 업무는 소홀해질 수 있기 때문입니다. 리더가 새로운 일을 해야겠다고 판단했다면, 기존 업무를 담당하는 사람들과 같은 기준으로 평가해서는 곤란합니다. 그렇게 되면 "저 직원은 쓸데없는 일만 하는데 왜 높은 평가를 받느냐?"라는 불만이 터져나올 것입니다. 반대로 새로운 시도에 대해 불이익을 주면 또 다른 문제가 생깁니다. 해당 조직에서 일할 사람은 "결과도 불분명한 부서에 왜 가야 하나?"라는 반응이 나올 수 있습니다.

이런 불합리함을 막기 위해서는 별도의 평가 체계를 두고 독립적으로 운영해야 합니다. 예를 들어 기존 조직에서 A를 받을 확률이 10%라면, 새로운 조직에도 별도로 10%의 A를 배분하는 식입니다. 그래야 도전이 공정하게 평가받고, 조직 전체의 활력이 유지됩니다.

사과와 오렌지를 비교할 때 속성과 맥락이 전혀 다른 대상을 같은 잣대로 평가할 수는 없습니다. 사과는 사과대로, 오렌지는 오렌지대로 평가해야 합니다. 그렇지 않으면 조직 내에서 불만이 생기고, 실패 확률은 높아집니다. "왜 저 사람만 봐줍니까?", "특혜를 주는 거 아닙니까?"라는 불만이 쏟아질 것입니다. 일을 하다 보면 업무마다 겹치는 부분이 있지만 전혀 오버랩되지 않는 영역도 존재합니다. 그렇다면 당연히 구분해서 평가하고, 역할에 맞는 기준을 새롭게 설정해야 합니다. 모든 것을 동일한 잣대로 평가하는 것은 공정한 듯 보이지만, 실상은 불공정할 수 있습니다.

이와 함께 《초격차》에서 언급한 4P 시스템, 즉 'Pay by Performance, Promotion by Potential'을 다시 강조하고 싶습니다. **'성과에 따라 보상하고, 잠재력에 따라 승진시켜라'**라는 의미입니다. 성과는 단기적 보상으로 연결해야 하고, 승진은 장기적인 리더십 자질로 판단해야 합니다. 성과는 시장 상황의 영향을 받을 수 있지만, 승진은 그렇지 않습니다. 리더가 되기 위해서는 지혜와 판단력, 사람을 이끄는 능력이 필요하기 때문입니다.

그런데 많은 기업이 이 기준을 혼동합니다. 사업이 잘됐다고 해서 그걸 주도한 사람을 곧바로 임원으로 올리면 안 됩니다. 단지 시장이 좋았을 수도 있기 때문입니다. 이럴 때는 금전적인 보상이 적절합니다. 능력이 충분치 않은 사람이 윗자리에 오르면 조직은 금세 흔들리게 됩니다.

결국 평가제도의 핵심은 상사가 얼마나 진지하게 고민하고, 정당한 기준으로 판단하느냐에 달려 있습니다. 그리고 그 판단을 가능하게 하려면 반드시 이를 뒷받침하는 훈련과 책임 시스템이 필요합니다. 그렇지 않으면 조직은 변화하지 못하고, 여전히 '실수하지 않기 위한 경쟁'에 머물 수밖에 없습니다.

평가와 보상 제도는 투명하고transparent, **합리적이며**reasonable, **이해하기 쉽고**understandable, **간단하고**simple, **믿을 만해야 합니다**trustable. T·R·U·S·T라는 이 다섯 가지 원칙은 평가제도를 설계할 때 반드시 지켜야 할 기본 기준입니다. 우리나라에서 이 원칙이 가장 잘 구현된 사례가 양궁 국가대표 선발 시스템입니다. 올림픽 금메달리스트라도 예외가 없습니다. 신인 선수와 동일한 조건, 동일한 방식으로 선발합니다. 이런 원칙이 수십 년간 유지되었기 때문에 우리 양궁이 세계 최강의 자리를 지켜올 수 있었습니다. 그야말로 T·R·U·S·T의 모범 사례입니다.

신상필벌과 넛지,
어떻게 활용해야 할까?

조직의 발전을 위해 흔히 활용되는 평가제도 중 하나는 잘한 사람에게 상을 주고, 잘못한 사람에게 벌을 주는 신상필벌信賞必罰의 원칙입니다.

신상필벌이 제대로 작동하려면 두 가지 조건이 필요합니다.

1. 조직이 성장해야 한다.
2. 신상필벌을 실질적으로 운영할 수 있는 제도가 있어야 한다.

조직이 성장 국면에 있어야 '상'을 줄 여지가 생깁니다. 성장이 멈추면 제로섬(zero-sum, 전체 이익의 총합이 0이 되어 누군가 얻으면 누군가 는 잃을 수밖에 없는 경쟁) 상황이 되어, 상은 줄고 벌은 늘어납니다. 요즘은 책임이 커지는 승진을 오히려 피하고 정년까지 안전하게 가려는 경향도 생겼습니다. 이렇게 되면 도전 정신은 떨어지고, 유능한 인재는 떠나며, 실적이 악화하는 악순환에 빠집니다. 우리 사회의 갈등이 심해지는 이유도 경제 성장이 정체되면서 제로섬 구조가 고착되고 있기 때문입니다. 조직은 성장을 멈추는 순간부터 불행이 시작됩니다.

최근 우리나라의 제도는 '필벌'을 사실상 없애버렸습니다. 근로자 보호라는 명분은 좋지만, 아무리 성과가 나빠도 해고가 힘든 구조에서는 오히려 조직 발전에 방해가 됩니다. 결국 기존 인력에 의존해 '야근과 오버타임'으로 문제를 해결하려다 보니 생산성은 떨어집니다. 실제로 OECD 국가 중 우리나라의 노동생산성이 하위권에 머무는 이유이기도 합니다.

국내 스타트업 창업자들의 이야기를 들어봐도 비슷합니다. 초창기에는 규모가 작아 다이내믹하게 움직일 수 있습니다. 인원이 적을수록 내부 자정 기능이 자연히 작동합니다. 기여하지 못하는 사람은 따로 누가 나서지 않아도 작은 조직 내에서 자연스럽게 소외되고, 결국 스스로 다른 길을 찾게 됩니다. 10명 안팎의 팀에서 소외된다는 것은 큰 압박입니다. 그래서 "차라리 나가서 다른 일을 하자."라는 선택을 하게 됩니다.

하지만 인원이 100명, 200명, 1,000명을 넘어서면 상황이 달라집니다. 그때부터는 무임승차free ride하는 사람이 반드시 생깁니다. 조직 내부의 자정 기능만으로는 한계가 있고, 법적으로도 해고가 어려운 구조에서는 결국 전체 경쟁력이 떨어집니다. 물론 이것만이 원인은 아니지만 분명한 이유 중 하나입니다. 세계적인 스타트업이 나오려면 미국 실리콘밸리처럼 신상필벌의 원칙이 제대로 작동하는 제도가 필요합니다.

일반적으로 조직의 상위 10~20% 인원이 핵심적인 업무를 이끌어갑니다. 반면 일에 소극적이거나 기여도가 낮은 하위권 인원도 있습니다. 이렇게 보면 신상필벌의 대상은 전체 인원 중 극히 일부에 불과합니다.

하지만 조직은 소수의 상위권 인력만으로 굴러가지 않습니다. 스포츠 구단이 스타플레이어만으로 우승할 수 없는 것과 같습니다. 팀을 뒷받침하고 어시스트하는 동료가 있어야 합니다. 아주 뛰어나지는 않더라도, 실무를 꾸준히 책임지는 중간층 직원들이 조직의 중심을 잡고 있습니다. 그렇다면 이들에게는 어떤 방식으로 동기를 부여해야 할까요? 어떻게 하면 이들이 상위권으로 올라가려는 의욕을 갖게 할 수 있을까요? 그 점을 고민해야 합니다.

단순히 상을 많이 준다고 해서 모두가 위로 향하는 것은 아닙니다. 잘한 사람을 칭찬하고, 못한 사람을 벌한다고 해서 조직이 자동으로 성장하지도 않습니다. 국가로 치면, 중산층이 튼튼하고 생각이 바로 서야 사회가 건강하게 돌아갑니다. 회사도 마찬가지입니다. 중간층이 제 역할을 해야 튼튼한 조직이 됩니다.

모든 직원에게 공식적인 상을 주기는 어렵습니다. 그러나 개인적으로 칭찬과 격려를 하거나 작은 선물을 주는, 일종의 보너스 같은 '넛지 효과(nudge effect, 강요하지 않고 부드럽게 개입해 더 나은 선택을 유도하는 방법)'는 동기 부여에 유용합니다. '상사가 내 일에도 관심이 있구나'라는 느낌을 주는 것이 중요합니다. 그렇게 하면 많은 직원이 '나도 저렇게 하면 칭찬받을 수 있겠구나'라고 생각하게 됩니다. 이들에게는 강제적인 시스템보다는 '넛지'가 필요합니다. '저 사람처럼 되고 싶다'라는 마음을 자연스럽게 끌어내는 방식이지요. 칭찬은 코끼리도 춤추게 한다는 말도 있지 않습니까?

신상필벌은 분명 필요합니다. 하지만 중간층이 훨씬 많은 현실에서는 슬며시 칭찬하는 방식이 더 효과적일 때가 있습니다. 특히 성과 평가가 어려운 부서, 속된 말로 '잘해야 본전'인 부서일수록 그렇습니다.

회사마다 환경·안전이나 인프라를 책임지는 부서가 있습니다. 사람에게 물이나 공기가 중요하다고 말은 하지만, 평소에는 중요성을 간과하는 것과 같습니다. 사고도 정전도 없었다고 감사하는 부서는 없지만, 만약 정전이라도 나면 난리가 나겠지요. 이런 부서는 넛지도 좋은 격려 수단이 될 수 있습니다.

CEO가 모든 직원에게 직접 넛지를 할 수는 없습니다. 따라서 각 부서장도 그 역할을 맡아야 합니다. 부서에도 1등부터 꼴등까지 있으니까요. 그래야 조직이 전체적으로 선순환을 이룹니다.

저성과자는 어떻게 처리해야 좋을까?

미국에서는 직원이 성과가 나쁘면 바로 퇴출시킵니다. 잘못하면 즉시 해고하고, 필요하면 즉시 채용합니다. 고용의 유연성이 매우 높습니다. 이런 구조에서는 기업이 불필요한 인력을 조정할 수 있고, 다시 인재를 채용해 효율을 높일 수 있습니다.

물론 우리나라에 그대로 적용하기에는 무리가 있고, 대량 해고 역시 사회 안전망이 아직도 미흡한 우리나라에서는 바람직하지 않습니다. 유럽도 고용 유연성 문제로 어려움을 겪고 있습니다. 프랑

 다시, 초격차

스 등 일부 국가는 점차 제도를 완화하고 있지만, 미국처럼 완전히 개방된 구조는 아닙니다.

미국은 '고용도 권리지만, 해고도 권리'라고 생각합니다. 이런 분위기 속에서 구성원은 일정 수준의 긴장감을 유지합니다. 저 역시 기업에는 아주 제한적인 해고 권한이 필요하다고 생각합니다. 예를 들어 전체 직원의 1% 정도까지 해고할 수 있는 권한만 부여하는 것입니다. 그마저도 많다면 0.5% 수준의 유연성만 있어도 조직의 분위기와 태도는 확연히 달라질 수 있습니다.

조직에서 저성과자는 적절한 자극이 없으면 쉽게 느슨해집니다. 실적이 나빠도 해고할 수 없다면, 상위권 진입이 어렵다고 느끼는 직원일수록 '어차피 나는 못 올라가는데 굳이 더 열심히 할 필요가 있을까?'라는 생각을 하게 됩니다. 이런 분위기는 전염병처럼 급속도로 퍼지면서 조직에 해를 끼치게 됩니다.

조직은 사람의 몸과 같은 유기체입니다. '세포'가 모여 '장기'를 이루고, 장기가 모여 한 사람의 인체가 되듯이, 조직도 같은 구조로 이해할 수 있습니다. 암은 작은 세포 하나에서 시작해 증식하며 장기를 파괴하고 결국 인체 전체를 위협합니다. 조직도 다르지 않습니다. 구성원은 세포이고, 부서는 장기이며, 회사 전체가 하나의 인체로 비유될 수 있습니다. 여러분의 몸에 암세포가 발견되었다면 어떻게 하시겠습니까? 당연히 제거하시겠지요. 조직도 마찬가지입니다.

평가와 실적의 괴리, 무엇이 문제인가?

모든 기업이 직원 평가를 어떻게 하는 것이 좋을지 고민을 많이 합니다. 임원들은 MBO(Management by Objectives, 목표관리제)와 KPI(Key Performance Indicator, 핵심성과지표)를 매년 초에 상사와 상의해 정하고 연말에 평가를 받습니다. 그런데 연말에 연초 지표를 기준으로 평가하면 개인은 A등급이 되지만 회사 실적은 좋지 않은 경우가 종종 발생합니다.

예를 들어 개발자가 KPI에 따라 일정도 맞추고 성능도 만족하는 제품을 개발했지만, 경쟁사가 더 좋은 제품을 출시해 결과적으로 시장을 잃었다면 그 개발자에게 어떤 평가를 주어야 할까요? 회사는 적자지만 KPI를 달성한 개발자에게 A등급을 주는 것이 올바른 평가일까요? 개인 평가와 회사 실적이 일치하지 않는 셈입니다. 그렇다면 그런 지표 관리가 무슨 의미가 있을까요? KPI를 어떻게 설정해야 평가와 실질 성과가 일치할 수 있을까요? 저도 경험했지만 쉽지 않은 일입니다.

패스트 팔로어 시대에는 실행해야 할 뚜렷한 목표가 있는 단기 실적 항목이 많아 KPI가 나름의 의미가 있었습니다. 그러나 퍼스트 무버 시대에도 그 방법이 적합한지는 의문이 듭니다. 요즘처럼 급변하는 상황에서는 목표 자체가 고정될 수 없고 가변적이기 때문입니다. 좋은 아이디어로 시작한 스타트업도 시장 상황에 따라 피보팅pivoting하며 변화하지 않으면 금세 경쟁에서 밀려나게 됩니다. 따라서 기술 속도가 빠른 산업에서는 KPI를 활용하기가 적절하지 않다고 생각합니다.

KPI 점수만으로 조직원의 능력을 파악하는 것은 무리입니다. 그렇지만 만약에 KPI를 사용한다면, 조직의 장에 대한 조직원의 평가 항목은 반드시 포함할 필요가 있습니다. 그렇다고 아무런 지표 없이 일할 수도 없습니다. 추구해야 할 목표에 대한 지표는 설정하되, 상사와 부하가 수시로 상의하면서 시장 상황에 따라 유연하게 조정하는 과정이 필요합니다.

사람은 평가받는 것을 좋아하지 않지만, 평가가 없다면 발전도 없을 것입니다. 누구도 시험 보는 것을 좋아하지 않지만, 시험 때문에 공부하듯이 말입니다.

1990년대 전 세계 수십 개의 메모리 업체는 '치킨 게임'을 하고 있었습니다. 경쟁력이 떨어지는 회사가 매년 하나둘씩 시장에서 퇴출당하는 살벌한 전쟁터였습니다. 공급자가 많다 보니, 구매하는 업체는 그야말로 '갑'이었습니다. 이때 어느 미국 회사가 메모리 업체를 평가하는 시스템을 만들고, 상·하반기 거래 업체의 평가 결과를 알려주었습니다.

평가 항목은 T·Q·R·D·C(Technology, Quality, Responsiveness, Delivery, Cost의 앞 글자를 딴 것으로 각각 기술력·품질·대응력·공급력·가격을 의미함)였습니다. 제품의 기술력과 품질, 문제가 발생했을 때 얼마나 신속하게 대응하고 해결했는지, 물량은 적기에 공급했는지, 그리고 원가 경쟁력은 있는지를 종합적으로 분석해 회사별로 알려주는 방식이었습니다. 시험을 보면 학급에서 등수가 정해지는 것과 같습니다.

각 항목의 점수와 업체별 순위에 따라 거래 물량이 조정되는 상황에서 긴장하는 것은 당연했습니다. 당시 업계에서는 종합 점수와 각 항목의 1등이 누구인지가 초미의 관심사였습니다.

평가라는 과정은 힘들었지만, 우리의 실력을 객관적으로 알 수 있는 좋은 시스템이었다고 생각합니다. 제가 다른 사업을 맡았을

때도 그 항목을 기준으로 우리 제품을 스스로 평가했습니다. "우리
의 기술력은 어느 정도일까?", "품질에 문제는 없는가?" 등을 확인
하곤 했습니다. 여러분의 회사 제품이나 서비스에도 적용해 보면
도움이 될 것입니다.

2장

제도가 조직문화를
결정한다

조직 구성의
원칙

혼자보다 여럿이 함께할 때 효율과 경쟁력이 생깁니다. 정치권에서 아무리 유능한 사람이라도 조직 없이 당선되기 어려운 것처럼, 조직의 힘은 막강합니다. 그렇다면 어떻게 조직을 구성해야 실행력을 극대화할 수 있을까요? 모든 리더가 안고 있는 숙제입니다.

좋은 조직의 본질은 결국 구성원에 달려 있습니다. 그 기본 조건은 다음과 같습니다.

1. 구성원들이 스스로 일을 알아서 잘한다.
2. 구성원들이 서로 협력을 잘한다.

3. 문제가 생기면 빠르게 드러내고 스스로 해결할 능력이 있다.

이 세 가지 조건을 모두 갖춘 조직은 이상적입니다. 현실적으로 쉽지 않지만, 리더가 의지를 가지고 노력한다면 충분히 가까이 갈 수 있습니다.

그렇다면 조직은 어떻게 짜야 할까요? 조직은 리더의 책임 아래 구성되어야 합니다. 물론 인사팀이나 기획팀의 조언은 필요합니다. 축구 구단에서 감독이 직접 선수 배치를 짜듯, 리더가 조직 설계의 최종 책임을 져야 합니다. 그렇다고 모든 조직을 최고 책임자가 직접 설계하라는 뜻은 아닙니다. 직접 보고를 받는 부서와 책임자만 정하고, 하부 조직은 위임된 책임자들이 스스로 구성하는 것이 바람직합니다.

문제는 많은 회사가 여전히 위에서 아래까지 최고 책임자나 인사팀이 일괄적으로 구성하는 방식을 유지하고 있다는 점입니다. 임원이 부장, 과장, 대리의 업무를 모두 정해버리면 아래 직원들은 자율성을 발휘할 여지가 없습니다. 구조적으로 '시키는 일만 하는 조직'이 되어버립니다. 그렇다고 조직을 마음대로 구성하도록 방임하라는 뜻은 아닙니다. 각 부서장이 초안을 만들고, 상급자가 이를 검토·승인하는 방식이 가장 바람직합니다. 그래야 책임 있는 자율성과 건전한 견제가 함께 작동합니다.

조직을 구상할 때는 중·장기 사업 목표도 고려해야 합니다. 당장의 실적만 보고 조직을 구성하면 몇 년 뒤에는 제 역할을 하지 못합니다. 3년, 5년 뒤의 방향을 설정하고 거기에 맞춰 조직을 설계해야 합니다.

또한 조직도는 단순해야 합니다. 조직 이름이 너무 복잡해서 설명 없이는 어떤 일을 하는 부서인지 알 수 없다면 실패한 설계입니다. '혁신개발실' 같은 이름은 듣기엔 멋지지만, 혁신이 중심인지 개발이 중심인지 모호해 외부인에게 아무 의미도 주지 못합니다. 국방부라는 이름만으로 어떤 일을 하는지 누구나 알 수 있는 것처럼, 조직도는 명확하고 간결해야 합니다.

또한 한 리더가 직접 관리하는 인원이 지나치게 많아서는 안 됩니다. 최소 한 달에 한 번은 얼굴을 보고 대화할 수 있을 정도가 적당합니다. 30명이 넘으면 서로 얼굴도 모르는 사람들끼리 연결되기 시작하고, 결국 보고 체계는 무너집니다.

미래를 준비하는
조직 로드맵을 구상하라

스타트업은 인재 풀이 넉넉하지 않기 때문에 현재 규모에 맞춘 조직만 그리는 경우가 많습니다. 중소·중견 기업도 크게 다르지 않습니다. 초기에 규모가 작을 때는 대표가 북 치고 장구 치고 웬만한 일을 혼자 처리해도 문제가 없습니다. 그러나 직원이 수십 명 이상으로 늘기 시작하면 반드시 역할을 분담해야 합니다. 그럼에도 많은 회사가 지금의 목표만을 기준으로 조직을 구성하다 보니, 시간이 지나면 조직은 제 기능을 하지 못하게 됩니다.

조직은 성장 단계에 따라 전담 기능을 맡을 부서가 필요하므로, 현재가 아니라 미래를 보고 설계해야 합니다. 그래서 '조직의 로드맵'이 필요한 것입니다. **조직 로드맵은 미래 상황을 가정한 예측과 설계를 포함합니다.** 예를 들어 현재 인원이 100명인데 사업 확장 추세로 보아 200명까지 늘어날 수 있다면, 그때 어떤 리스크가 생기고 어떤 팀을 신설해야 할지를 미리 고민해야 합니다. '사업이 커지면 조직을 이렇게 만들겠다'는 구상이 있어야 합니다.

하지만 많은 리더가 '지금 당장 사람이 없다'라는 이유로 필요한 부서를 아예 만들지 않습니다. 대신 기존 부서장에게 대행시키는데, 이는 본업이 아니기 때문에 제대로 관리되기 어렵습니다. 그래서 조직도에는 빈칸이라도 만들어두어야 합니다. "Out of sight, out of mind(눈에 안 보이면 마음에서도 멀어진다)."라는 말처럼, 조직도에 자리가 없으면 그 부서의 필요성조차 잊힙니다. 대행하는 사람 역시 '하고 있습니다'라는 수준으로 처리하게 됩니다. 결국 리더는 "왜 제대로 하지 않느냐?"라고 야단치고, 악순환은 반복됩니다.

조직의 성장은 예상보다 빨리 올 수도 있고 늦게 올 수도 있습니다. 필요한 순간에 적임자를 제때 찾는 것은 사실상 불가능합니다. 대부분의 리더가 사전 준비 없이 있다가 사람이 필요해지면, 급히 헤드헌터나 지인 소개에 의존하는 이유입니다. 그 결과 검증되지 않은 인력이 들어와 조직에 적응하지 못하고 문제를 일으키는 일이 반복됩니다. 그래서 사람을 찾는 일도 예습이 필요합니다. 틀을 먼저 만들고, 그 안에 누구를 배치할지까지 고민해야 합니다. 그래야 적합한 인재가 눈에 띄는 순간 바로 리크루팅을 시작할 수 있습니다.

회사가 성장하면 IR Investor Relations 팀이 필요할 수 있고, 법무팀도 필요해집니다. 사내 법무팀이 있다고 해서 모든 법적 문제를 직접 해결해야 한다는 뜻은 아닙니다. 다만 어떤 사안을 어떤 로펌에 맡겨야 하는지 방향을 제시할 수 있습니다. 특히 법무는 분야별 전문성이 다른데, 여전히 친분 위주로 인력을 찾는 경우가 많습니다. "내가 아는 김 변호사가 있는데, 참 똑똑해."와 같은 방식으로는 조직을 운영할 수 없습니다.

여기서 자주 나타나는 또 하나의 문제가 있습니다. '그 부서에 적합한 사람이 없으니, 부서를 만들지 않는다'라는 사고방식입니다. 이는 매우 비효율적인 결정입니다. 조직 구조는 기능 단위로 먼저 설계하고, 그 안에 사람을 채워 넣어야 합니다. 당장 사람이 없다고 필요한 기능을 다른 부서에 얹어두면 결국 그 업무는 소홀해집니다. 국방부 인력이 부족하다고 경찰청에 업무를 넘길 수 없는 것과 같습니다.

또한 필요한 부서를 조직도에 표시하지 않으면 후임 리더가 왔을 때 그 부서의 필요성조차 인식하지 못할 수 있습니다. 그래서 저는 필요한 조직이라면 빈칸으로라도 표시하라고 말합니다. 구조가 명확해야 사람을 찾으려고 노력하기 때문입니다

조직 로드맵을 설계할 때 마지막으로 경계해야 할 것은 '위인설관爲人設官'입니다. 특정 사람에게 자리를 주기 위해 조직을 만드는 것입니다. 이런 조직은 그 사람이 떠나는 순간 바로 붕괴합니다. 조직도는 사람이 중심이 아니라 기능과 시스템 중심으로 설계되어야 합니다.

조직 설계만큼 중요한 것이 운영입니다. 설계가 아무리 좋아도 운영이 잘못되면 소용없습니다. 조직 운영에서 가장 흔한 문제는 바로 사일로, 즉 부서 이기주의입니다. 각 부서가 마치 자기 왕국처럼 행동하는 것이죠. 당연히 갈등이 생길 수밖에 없고, 서로의 관점이 달라 이해관계도 충돌합니다.

그래서 저는 부서장을 한 부서에 너무 오래 두지 않습니다. 주기적으로 위치를 바꿉니다. 제조에서 10년, 개발에서 10년씩 있으면 그곳에서 '왕'이 됩니다. 왕들끼리는 잘 교류하지 않으니 부서 간 협업이 이뤄질 리 없습니다. 교류가 막힌 구조는 결국 결정의 속도와 질을 모두 떨어뜨립니다.

더불어 '순혈주의' 문제도 있습니다. 우리 사회에는 여전히 단일민족 정체성이 강해서 조직 안에서도 '끼리끼리 문화'가 나타납니다. '공채냐, 경력이냐', '내부 승진이냐, 외부 영입이냐' 같은 기준으로 사람을 구분하고 위계를 만듭니다. 이 문화는 조직을 더욱 폐쇄적으로 만듭니다.

물론 명확한 목표 아래에서는 통일된 문화가 효율적일 수도 있습니다. 하지만 지금처럼 변화가 빠르고 다양성이 경쟁력인 시대에는 맞지 않습니다. 실리콘밸리가 혁신을 만들 수 있었던 이유는 서로 다른 국적, 성별, 문화를 가진 사람들이 한데 모였기 때문입니다. 시각이 다르니 독창성이 나오고, 그 다양성이 곧 경쟁력이 됩니다.

앞으로 우리가 지향해야 할 모델은 혼혈주의, 즉 이질적heterogeneous 조직입니다. 다름을 인정하고 다양성을 수용하며 서로 배려해야 조직이 새로운 에너지를 얻고 성장할 힘이 생깁니다.

정답은 없지만 최적의 구조는 있다

조직 운영은 사업이 확대될수록 어려워지는 것이 당연합니다. 부서가 많아지면 효율은 떨어지고, 실행력 역시 약해질 수밖에 없습니다. 그래서 회사들은 기능별 조직, 사업부별 조직 등으로 운영 방식을 조정하기도 합니다. 물론 정답은 없습니다. 그러나 사업의 성격과 규모를 세대로 고려하지 않으면 효율 저하는 피하기 어렵습니다. 특히 사업군이 다양해지거나 인수·합병M&A으로 새로운 사업이 들어오면 조직 체계는 더욱 복잡해지고, 어느 시점에서 사업부를 분리하는 것이 맞는지, 혹은 독립시키는 것이 맞는지 판단하기가 쉽지 않습니다. 이럴 때 고려해야 하는 것이 효율성efficiency, 열정energy, 협력synergy의 세 가지 측면입니다. 각 요소의 수준을 살펴보고 조직에 변화를 줄 필요가 있습니다.

가정에 비유하면 이해하기 쉽습니다. 자식이 어릴 때는 남매가 같은 방에서 생활해도 괜찮습니다. '효율'이 극대화되는 셈입니다. 그러나 중·고등학생이 되면 각자의 방이 필요합니다. 서로의 공간이 있어야 불만이 줄고, 각자 '열정'을 쏟을 환경이 마련됩니다. 그렇다고 다른 집에서 사는 것은 아니니 '협력'은 자연스럽게 유지됩니다. 직장 생활을 시작하거나 결혼하면 분가합니다. 효율, 열정, 협력의 균형상 분가가 더 나은 시점이 온 것이지요.

회사의 조직도 이와 같습니다. 사업군이 다양해도 규모가 작으면 한 조직으로 묶는 것이 훨씬 효율적입니다. 가족 모두가 한방에서 생활하는 것과 비슷합니다. 그러나 각 사업의 규모가 커지면 사업부 형태로 나누고, 인사·재무·기획 등은 공동으로 사용하는 방식이 적절합니다. 남매가 각자의 방을 쓰지만 화장실은 공유하는 것과 같습니다.

사업부의 규모가 더 커지고 성격까지 서로 다르다면, 이제는 분리하는 것이 맞습니다. 사업마다 일하는 방식, 고객 구조, 성과 평가 방식이 다르니 한 조직으로 계속 묶어두면 갈등만 쌓입니다. 특정 사업부에 맞는 제도를 만들기도 어렵고, 결국 어정쩡한 구조가 되어 구성원의 불만은 커지기만 합니다. 국도 아니고 찌개도 아닌 상태가 되는 셈이지요. 수학과 국어를 한 가지 잣대로 평가할 수 없는 것처럼, 태생적 차이가 큰 두 사업을 무리하게 붙여둘 이유가 없습니다.

대표적인 사례가 B2B와 B2C 사업입니다. 사업 성격이 판이하므로 분리하는 것이 더 낫습니다. '협력'보다 '에너지 소모'가 훨씬 크기 때문입니다. 또한 유사한 사업군이라도 규모가 지나치게 커지면 분가를 검토해야 합니다. 규모가 커질수록 변화에 둔감해지고 혁신 마인드가 떨어지기 때문입니다. 여러분의 회사는 어떤 위치에 있는지 점검해 보십시오.

일의 가치와
의미

우리나라 경영자들의 마인드셋과 국가의 노동 제도 역시 여전히 패스트 팔로어 시대 수준에 머물러 있습니다. 후발주자였던 우리가 선진국을 따라잡기 위해 주말과 야간 근무를 당연하게 여기던 시절이 있었습니다. 그런 환경에 익숙한 경영자들은 요즘 직원들이 너무 일을 안 한다며 불만을 토로합니다. 저 역시 과거에 비해 근무 시간도 줄고 업무 강도도 낮아졌다는 점은 인정합니다.

그러나 누구도 주말이나 밤늦게까지 일하는 것을 좋아하지 않습니다. 저도 마찬가지입니다. 그럼에도 여전히 과거의 관행대로 일하는 우리나라는 OECD 국가 중 근무 시간은 길지만 생산성은 낮은 편입니다. 이제는 단순히 오래, 열심히 일하는 방식에서 벗어나야 합니다. MZ세대라도 회사에 긴급한 일이 생기거나 자신의 실력과 가치를 높일 기회라면 불만 없이 몰입할 것입니다.

제가 현역 시절 추진했던 '워크 스마트work smart' 캠페인은 근무 시간은 줄이되 업무 효율을 높여 생산성을 향상하고, 워라밸을 실현하자는 취지였습니다. 어느 정도 성공적이었다고 생각합니다. **이처럼 경영자들은 직원들이 일하는 시간을 늘리려 하기보다, 일하는 실력을 향상하는 방법을 고민해야 합니다.**

'일의 가치'를 설계해야 한다

실리콘밸리의 사람들은 왜 밤을 새워가며 일할까요?

새로운 기술을 개발한다는 자부심과 호기심, 그리고 성공했을 때 압도적인 보상이 있기 때문입니다. 반면 우리나라 제도에서는 벤처가 성공해도 창업자나 직원이 받을 수 있는 보상이 그리 크지 않습니다.

스타트업 창업자에게는 차등의결권을 부여하고, 직원들에게는 파격적인 스톡옵션 제도를 마련해야 세계적인 스타트업이 탄생할 수 있습니다. 구글, 메타 등의 창업자들은 차등의결권으로 경영에 일관성을 유지할 수 있고 새로운 아이디어도 계속 시도해 볼 수 있지만, 우리나라 창업자들이 그렇게 했다가는 투자자로부터 퇴출당할 게 뻔합니다. 실제로 조건을 맞추면 가능하다고는 하지만, 그런 권한을 실제로 행사하기에는 여러 난관이 있다고 합니다.

차등의결권을 창업자에게는 부여하고 다른 사람에게 이전할 수 없게 하면 어떨까요? 물론 이런 제도를 악용하는 사례도 생기겠지만, 그렇다고 해서 시도조차 하지 않는다면 발전은 없습니다. 흔히 말하듯 '구더기 무서워 장 못 담그는' 우를 범해서는 안 됩니다. 우리는 이 현실을 직시하고 스타트업의 근무 방법과 운영 방식을 빨리 바꿔야 합니다.

저는 늘 직원들에게 "근무 시간을 줄이자."라고 말했습니다. 대신 "생산성은 떨어져서는 안 된다."라고 강조했습니다. 불필요한 일을 없애야 합니다. 하지만 실제로는 사소한 일에 너무 많은 시간을 쓰고 있습니다. 그러다 보니 결국 주말에도 일하게 되는 구조가 만들어집니다. 연구개발도 마찬가지입니다. 사람은 가끔 쉬어야 머리가 리프레시되고, 그때 비로소 새로운 아이디어도 떠오릅니다.

MZ세대가 주말 근무를 꺼리는 이유는 단순히 '게으름' 때문만이 아닙니다. 주말에 회사에 나와 회의 자료를 정리하는 일은 자기 성장과 무관한 일이라고 느끼기 때문입니다. '이게 내 실력에 도움이 되나?', '이 일이 나를 발전시키는가?'라는 의문이 생기면 불만만 커집니다. 만약 의미 있고 흥미로운 일, 자기 성장을 느낄 수 있는 일이라면 그들은 새벽 3시라도 기꺼이 출근할 것입니다. 리더는 이런 '일의 가치'를 설계할 줄 알아야 합니다. 물론 쉽지는 않지만 노력해야 합니다.

제가 인사팀장에게 했던 질문이 있습니다.

"어떻게 하면 직원들이 회사에서 일하는 게 재미있다고 느낄까요?"

그가 "실리콘밸리를 벤치마킹해 볼까요?"라고 대답하기에 저는 농담 반 진담 반으로 말했습니다.

"벤치마킹하려면 교회로 가 보세요."

목사님이 새벽 예배를 하자고 해도 신자들은 기꺼이 나옵니다. 심지어 헌금까지 내며 참석합니다. 반면 우리는 수당을 줘도 새벽에 나오라고 하면 불만부터 터져나옵니다. 왜일까요? 교회에서 얻는 가치와 의미가 있기 때문입니다. 마음이 편해지고, 스스로 의미를 느끼니 기꺼이 나가는 것입니다. 회사도 마찬가지입니다.

리더는 구성원의 입장에서 생각해 봐야 합니다. 새벽에 골프를 치러 나가는 이유가 뭡니까? 재미있기 때문입니다. 회사 일도 그렇게 만들어야 합니다.

저는 주말에 거의 출근하지 않았습니다. 대신 생각을 많이 했습니다. 요즘 말로 하면 '재택근무'를 한 셈입니다. "지금의 조직 구조가 과연 최선일까?", "더 나은 방법은 없을까?"를 스스로 끊임없이 물었습니다. 그러다 보니 자연스럽게 스스로 생각하고 판단할 수 있는 시간이 많아졌습니다.

주 52시간 근무제로 첨단산업과 유니콘을 키울 수 있을까?

현재의 노동 제도에는 문제가 있습니다. 카피 시대의 우리나라는 제조업 중심이어서 노동 시간이 곧 생산성과 직결되었습니다. 그래서 과도한 장시간 근로가 관행이 되었고, 이를 개선하려고 주 52시간 근무제를 도입했습니다. 미래 산업의 구조를 산업화 시대의 연장으로 착각한 결과라고 생각합니다.

퍼스트 무버 시대에는 상황이 완전히 다릅니다. 이제는 아이디어와 창의력이 경쟁의 핵심이고 누구보다 빨리 구현해야 합니다. 반복적인 일은 다음 날 해도 되지만, 아이디어가 번쩍이는 순간에는 전적으로 몰입해야 합니다. 야근해서라도 구체화해야 할 때가 있습니다. 최근의 신기술과 신사업은 대체로 '타이밍 싸움'입니다. 그런데 매주 근무 시간을 일정하게 고정해 놓는 제도는 창의적 산업에는 전혀 맞지 않습니다. 이젠 우리도 새로운 아이디어로 신사업을 개척해야 하는 시대인데, 매주 일할 시간을 정해두는 것은 난센스입니다.

물론 저도 과도한 노동은 바람직하지 않다고 생각합니다. 다만 주 단위가 아니라 연 단위 혹은 반기 단위로 조정 가능한 유연한 근무 제도라도 허용해야 합니다. 그렇지 않으면 반도체나 AI 등 연구개발 중심의 산업이나 스타트업은 더욱 어려워지고, 경쟁력도 떨어질 것입니다.

실리콘밸리나 중국의 스타트업들은 새로운 아이디어를 구체화하고 사업화하는 '타이밍 싸움'에서 지지 않기 위해 하루 24시간, 주 7일 회사에서 숙식하며 일하기도 합니다. 전 세계에서 스타트업의 노동 시간까지 법으로 규정해놓은 나라는 우리나라뿐일 것입니다. 그러면서도 "세계적인 스타트업을 육성하겠다."라고 말하는 건 현실과 동떨어진 구호에 불과합니다. 공부는 못 하게 해놓고 성

　　　　　　　　　　　　　　　　　　　　　　다시, 초격차

적을 올리라고 요구하는 것과 다르지 않습니다.

일반적이고 반복적인 업무를 담당하는 직군이라면 주 52시간 제가 의미 있을 수 있습니다. 그러나 AI·반도체·바이오 같은 연구 개발과 스타트업, 콘텐츠·IP Intellectual Property 산업과 같은 분야는 무엇보다 유연성이 보장되어야 합니다. 우리 경제의 역동성을 되살리려면 유니콘(unicorn, 기업가치 10억 달러 이상 스타트업)과 데카콘(decacorn, 기업가치 100억 달러 이상 스타트업) 같은 혁신 기업이 계속 탄생해야 합니다.

그런데 지금은 유능한 인재들이 산업 현장이 아니라 의대로 몰리고 있습니다. '의대 쏠림이 문제'라고 걱정하면서도, 정작 인재를 산업계로 유입시킬 유인책은 마련하지 않고 있습니다. 실리콘밸리처럼 스타트업의 창업을 지원하고 세계적인 기업이 되도록 장려하는 제도를 만들어 창업자와 개발자가 백만장자, 아니 억만장자가 된다면 어떤 일이 벌어질까요? 획일적인 주 52시간 근무 제도가 그 길을 막고 있는 건 아닌지 진지하게 생각해 보아야 합니다. 중국의 사례를 검토해 볼 필요가 있습니다.

제도는 결국 조직을 떠받치는 구조물입니다. 그것이 나라일 수도 있고, 회사나 학교일 수도 있습니다. 그렇다면 어떤 제도가 좋은 제도일까요? 그 기준은 시대와 상황에 따라 달라집니다. 회사가 잘나갈 때는 복잡한 제도나 직급 체계가 오히려 비효율을 낳기 때문에 단순화가 타당합니다. 불필요한 요소를 줄이는 것이 효율로 이어지기 때문입니다. 그러나 지금처럼 회사가 어려움을 겪는 시기에는 같은 제안도 전혀 다른 의미로 해석될 수 있습니다.

예를 들어 사업이 잘되지 않는 상황에서 직급을 단순화하겠다고 하면 직원들은 '인건비를 줄이려는 거구나'라고 생각할 수 있습니다. 실제 의도가 그렇지 않더라도 오해를 불러일으키기 쉽습니다. 반면 회사가 잘나가고 보너스가 충분히 지급되는 시점에 승진 체계를 단순화하자고 하면, 직원들은 '일을 효율적으로 하려는 것이구나'라고 받아들입니다. 같은 제도라도 시점과 맥락에 따라 전혀 다르게 해석된다는 뜻입니다.

그래서 제도를 바꾸기 진에 반드시 점검해야 할 것이 있습니다. 그 제도가 지금 이 시점에서, 그리고 현재 구성원들에게 가치를 높이는 방향으로 작용하는가 하는 점입니다. 제도를 바꿨는데 오히려 구성원이 불편해졌다면, 그것은 좋은 제도가 아닙니다. 지금은 유용하더라도 다음 세대에는 해가 된다면 역시 좋은 제도라 보기 어렵습니다. 제도는 현재와 미래를 함께 고려한 균형 위에서 설계되어야 합니다.

단순함 자체가 나쁜 것은 아닙니다. 디자인의 세계에서도 "Less is more(불필요한 요소를 덜어내는 것이 오히려 더 세련되고 효과적이다)."라는 말이 있듯, 간결함은 힘이 될 수 있습니다. 하지만 단순함이라는 미덕도 때로는 오해를 낳을 수 있습니다. 기존에 공들여 쌓은 제도를 갑자기 바꾸면 혼란이 생길 수도 있기 때문입니다.

제도의 핵심은 구성원 각자에게 실질적인 가치를 주는가에 있습니다. 여기서 말하는 가치는 단순히 월급의 크기를 뜻하지 않습니다. 개인의 역량 향상, 시간 절약, 일에 대한 동기 부여처럼 여러 형태로 나타날 수 있습니다.

결국 제도는 단순할수록 좋지만, 그것이 제대로 작동하려면 시기와 상황에 대한 충분한 고려가 필요합니다. 구성원이 제도를 진심으로 받아들이지 못하고 '저 사람은 뭔가 속셈이 있는 거 아니야?'라는 의심을 품는다면, 그 조직은 결코 잘될 수 없습니다.

조직문화는
조직의 뿌리

기업을 살아 있는 생명체로 본다면, 문화는 그 생명체가 세대를 이어가며 전달하는 '유전자'와도 같습니다. 생명체가 적자생존의 환경 속에서 경쟁을 거듭하며 DNA를 자손에게 물려주듯, 조직 역시 치열한 경쟁 속에서 구성원에게 경쟁에 유리한 문화를 전수하며 진화하고 번성합니다. 그래서 문화는 조직을 성장하게 만드는 본질적 동력이라고 말해도 지나치지 않습니다.

하지만 한번 형성된 문화를 바꾸는 일은 생각보다 어렵습니다. 그만큼 변화가 필요한 시점에 어떤 문화를 만들 것인가를 신중히 고민해야 합니다. 기업문화가 잘 잡힌 회사는 존경받습니다. 반대로 실력과 자산이 아무리 많아도 문화가 부실한 조직은 결국 지속적인 성장에 실패합니다.

문화는 대체로 위에서 아래로, 톱다운 방식으로 형성됩니다. 구성원이 자율적으로 만들어가는 문화도 있지만, 궁극적으로 문화의 방향을 결정짓는 것은 리더의 사고방식과 태도입니다. 가장이 중심을 잃으면 가풍이 무너지듯, 리더가 흔들리면 조직문화도 붕괴됩니다. 좋은 문화를 만들겠다는 의지, 그리고 그것을 끝까지 지키겠다는 실천. 이 두 가지가 있을 때 비로소 문화는 조직 안에 뿌리내립니다. 리더가 어떤 문화를 지향하느냐에 따라 조직의 미래는 완전히 달라집니다. 결국 문화를 만드는 것, 그것이 리더의 가장 중요한 역할이라고 생각합니다.

1980년대 일본은 경제의 전성기를 맞았습니다. 그때 전 세계 수많은 기업이 일본 기업을 벤치마킹했습니다. 토요타의 생산 방식, 팀워크 문화, 효율 중심의 프로세스 등은 경영 교과서에 실릴 만큼 인상적인 성공 사례로 꼽혔습니다. 하지만 이후 일본은 장기 불황에 빠졌습니다. 한때 경쟁력을 만들었던 성공의 문화가, 시간이 흐르며 지속 가능성을 잃어버린 것입니다. 이 경험은 우리에게 중요한 교훈을 줍니다. 어떤 문화든 시대의 변화에 적응하지 못하면 도태된다는 것입니다.

제가 반도체 사업부 사장이 되고 나서부터 '좋은 조직문화란 무엇인가, 그리고 그것을 어떻게 만들 수 있을까?', '어떤 정신을 근간으로 삼아야 하는가?'에 대해 고민을 많이 했습니다. 당시 반도체 사업부는 다른 사업부보다는 자유로운 편이었지만, 여전히 지시와 관리, 그리고 하드 워킹hard working이 기본 문화였습니다. 물론 그러한 노력 덕분에 우리는 세계 최고의 메모리 업체가 될 수 있었습니다. 그러나 '초격차'의 경지에 다다르고 지속적인 성장을 이루기 위해서는 무언가가 부족하다고 느꼈습니다.

결국 저는 그 답을 인간, 즉 호모 사피엔스Homo sapiens에서 찾았습니다. 인간은 감각이나 신체 능력 면에서는 다른 생명체에 비해 오히려 뒤처집니다. 그럼에도 자연계를 장악하고 만물의 영장이 되었습니다. 자연을 극복하려고 시도한 존재는 인간밖에 없습니다. 그야말로 어느 생명체도 넘볼 수 없는 '초격차'를 이룬 존재가 된 것이지요. 그렇다면 그 힘은 도대체 어디에서 온 것일까요?

저는 그 본질이 인간만이 가진 세 가지 특성에 있다고 생각합니다. 이를 '3C'라고 정리합니다.

1. 도전(Challenge)

2. 창조(Creativity)

3. 협력(Collaboration)

먼저 '도전'입니다. 인간은 유일하게 불필요해 보이는 일에도 도전하는 존재입니다. 인류가 아프리카에서 시작해 남미의 끝자락, 심지어 남태평양의 섬까지 이주한 것은 단순히 생존 때문만은 아니었을 겁니다. 그 속에는 탐험하고 싶은 마음, 한계를 넘어보고 싶은 욕망이 있었겠지요. 지금도 마찬가지입니다. 화성이나 달에 정착하려는 엄청난 시도, 바로 그런 도전이 인간을 지금의 위치까지 끌어올렸습니다. 인간만이 유일하게 '불가능'에 도전합니다.

두 번째는 '창조'입니다. 인간은 지구상에서 유일하게 창의적인 도구를 만들고, 개념을 설계하며, 의미를 부여하고, 기록을 남기는 존재입니다. 동물들도 도구를 사용하지만, 인간처럼 새로운 도구를 발명하고 기술을 집대성하지는 못합니다. 피라미드와 만리장성과 같은 유적은 단지 힘으로만 세워진 것이 아니라, 상상력과 창의성의 결정체입니다. 이런 창조성은 과학혁명, 산업혁명, 디지털혁명, 그리고 AI 혁명으로 이어지는 변화의 씨앗이 되었고, 인류는 그 덕분에 계속 도약하고 있습니다.

마지막은 '협력'입니다. 물론 동물들도 협력합니다. 하지만 그것은 대부분 DNA에 내장된 본능적인 생존 전략입니다. 인간의 협력은 다릅니다. 우리는 계획하고, 조율하고, 때로는 적과도 손을 잡습니다. 인간의 협력은 목적이 있는 협력입니다. 어떤 목표를 이루기 위해 다른 존재들이 서로를 이해하고 조정하며 함께 움직이는 것, 바로 그것이 인간이 가진 진정한 협력의 능력입니다.

장수하는 조직은 철학을 품고 진화한다

지속 성장하는 기업을 만들기 위해서는 건전한 조직문화가 뒷받침되어야 한다는 이야기를 앞서 언급했습니다. 그리고 그 문화의 핵심에는 '도전, 창조, 협력'이라는 세 가지 정신이 자리 잡고 있어야 합니다. 이제 이 가치들이 실제 조직 안에서 어떻게 정착되고 유지되어야 하는지 이야기해 보려 합니다. **조직은 도전 없이 살아남을 수 없고, 창조 없이 성장할 수 없으며, 협력 없이 지속성을 가질 수 없습니다.**

먼저 '도전'입니다. 도전 정신을 조직 안에 심는 일은 말처럼 쉽

다시, 초격차

지 않습니다. 특히 우리나라처럼 실수나 실패에 민감한 사회에서는 더욱 어렵습니다. 누군가 새로운 시도를 했다가 실패하면 그 즉시 책임을 지게 됩니다. 평가에서 불이익을 받고, 심하면 자리 자체가 위태로워집니다. 그러니 대부분은 상사가 시킨 일만 정확히 처리하고, 평가에 유리한 방식으로만 일하려 합니다.

반면 미국은 훨씬 더 실수에 관대합니다. 실리콘밸리에서는 "빨리 도전하고, 빨리 실패하라."라는 말이 문화처럼 퍼져 있습니다. 누군가 실패하더라도 "처음 하는 건데 그럴 수도 있지."라며 격려하는 분위기가 자연스럽게 형성되어 있지요. 기업이 진정으로 도전적인 문화를 만들기 위해서는 '실수를 용납할 수 있는 그릇'이 필요합니다. 그런데 우리는 대개 결과만 봅니다. 실수했는지 안 했는지, 성공했는지 실패했는지만을 따지는 문화 속에서는 누구도 새로운 시도를 하지 않으려 합니다.

물론 실패도 구분해야 합니다. 이미 남이 해본 실패를 그대로 반복하는 건 어리석은 일이고, 남의 것을 단순히 모방하다 생긴 실수는 남는 게 없습니다. 하지만 새로운 시도를 하다가 생긴 실패는 전혀 다릅니다. 그것은 미래의 밑거름이 될 수 있는 '유의미한 실패'입니다. 우리나라 첫 우주발사체인 나로호가 그랬습니다. 여러 차례 실패를 겪었지만, 그 과정에서 축적된 기술이 결국 누리호의 성공으로 이어졌습니다. 초기의 실패가 다음 단계를 위한 자산이 된 대표적인 사례입니다.

우리는 도전을 장려한다고 말하지만, 실제로는 실패했을 때 페널티를 줍니다. 그러니 아무도 쉽게 도전하지 않습니다. "얼마든지 실패해 봐."라는 말은 현실적으로 어렵습니다. 누구도 일부러 실패하고 싶지는 않으니까요. 하지만 실패의 맥락을 봐야 합니다. 예를 들어 1억 원의 손해를 낸 직원과 1,000만 원의 손해를 낸 직원이 있다고 가정해 봅시다. 대부분은 손해 규모가 큰 전자를 더 엄하게 징계합니다.

그런데 만약 1,000만 원의 손해는 부주의나 태만negligence에서 비롯된 것이고, 1억 원의 손해는 생산성을 높이려 신공정을 실험하다 생긴 결과라면 어떨까요? 전자는 분명 책임을 져야겠지만, 후자는 손해가 크더라도 그 과정에서 새로운 개선의 단초를 발견할 수도 있습니다. 이런 유형의 실수는 처벌이 아니라 오히려 장려되어야 할 도전입니다. 문제는 우리 조직문화가 이런 구분을 제대로 하지 않는다는 점입니다.

결과만 보고 손해 규모로만 판단하니 직원들은 당연히 도전을 피하게 됩니다. 새로운 일에 도전할수록 실수할 확률이 높고, 그만큼 징계 위험도 커지기 때문입니다. 한 번도 실패한 적이 없는 사람이라면 두 가지 경우뿐입니다. 아무 일도 안 했거나, 아주 쉬운 일만 했거나. 새로운 시도에서 생긴 실패를 오히려 자산asset으로 보는 시각이 필요합니다.

우리나라에도 과감한 도전으로 대성공을 거둔 사례가 많습니다. 이병철 회장이 70대 나이에 첨단 반도체 사업에 뛰어든 일, 정주영 회장이 조선소도 없이 유조선을 수주한 일은 한국 경영사의 전설로 남아 있습니다. 저 역시 삼성에서 연구원들의 능력을 믿고 과감히 도전한 프로젝트들이 큰 성과로 이어진 경험이 많습니다. 반도체 분야에서 구현한 3차원 구조의 3D-NAND 메모리, 디스플레이에서 개발한 플렉서블 OLED 디스플레이, 삼성종합기술원에서 만든 카드뮴이 없는 퀀텀닷QD, Quantum Dot 소재 등은 모두 세계 최초로 상업화했을 뿐만 아니라 사업 측면에서도 대성공한 기술입니다. 어려운 프로젝트였지만 연구자들의 과감한 도전이 있었기에 가능한 일이었습니다.

창조적인 조직은 무엇이 다른가?

다음으로 '창조성'에 대해 이야기해 보겠습니다. 창조적인 조직을 만들려면 무엇보다도 '호기심'이 있어야 합니다. 그런데 이 호기심은 명령과 복종 중심으로 살아온 패스트 팔로어 시대의 문화 속에서는 자라기 어렵습니다. 에디슨이나 아인슈타인의 어린 시절을 보면, 부모가 그들의 유별난 호기심을 꾸짖지 않고 오히려 격려했습니다. "괜찮다.", "해 봐라." 조직도 마찬가지입니다. 구성원이 새로운 생각을 꺼내 들 때 "그런 걸 왜 해?"가 아니라 "한번 해 봐."라고 반응해야 비로소 창조 문화가 조직에 들어섭니다.

호기심에서 비롯된 관심을 결실로 이끌기 위해서는 기다려주는 인내가 필요합니다. 창조는 단기간에 성과를 내기 어렵습니다. 실패와 시행착오를 견디며 기다릴 수 있는 환경이 주어질 때, 비로소 진짜 혁신이 나옵니다.

그리고 창조의 또 다른 조건은 '다양성'입니다. 퍼스트 무버가 되려면 전혀 새로운 생각을 할 수 있어야 합니다. 새로운 생각은 서로 다른 관점과 배경이 만날 때 생깁니다. 다양한 진공, 다양한 출신, 다양한 경험을 가진 사람들이 모여야 창조가 일어납니다. 그러나 우리의 현실은 여전히 '균질한homogeneous' 조직을 선호합니다. 같은 학교, 같은 지역, 같은 군대, 같은 네트워크 안에서 모든 것을 해결하려 합니다. 이런 폐쇄적인 문화에서는 NIH증후군not invented here syndrome, 즉 '내가 만든 것이 아니면 인정하지 않는 태도'가 자라납니다. 결국 조직은 점점 더 배타적으로 변하고, 새로운 생각이 들어올 여지가 사라집니다.

반면 실리콘밸리는 완전히 다릅니다. 다양한 국적과 배경을 가진 사람들이 모여 있고, 처음 만난 사람과 협업하는 일이 일상입니다. 서로의 실력을 모르기 때문에 각자가 최선을 다하게 되고, 그 과정에서 자연스럽게 아이디어가 교류되며 새로운 창조가 일어납니다. 그곳에서는 '상대적으로' 잘해서는 의미가 없습니다. 오직 절대적으로 뛰어난 아이디어와 실행력만이 살아남습니다. 반면 상대적 비교가 중심이 된 조직에서는 누가 실수하나 지켜보는 분위기가 형성됩니다. 내가 잘하려는 마음보다 남이 못하길 바라는 기류가 퍼집니다.

많은 기업이 실리콘밸리를 벤치마킹하겠다고 하지만, 정작 본질은 놓치고 있습니다. 중요한 것은 외형이 아니라 문화입니다. 실리콘밸리에서는 레스토랑이나 펍pub에서 자연스럽게 만나 새로운 아이디어를 나누는 문화가 자리 잡고 있습니다. 서로 자유롭게 대화하고, 실패를 두려워하지 않는 분위기가 당연하게 받아들여집니다. 우리 조직이 그런 **창조 문화를 갖추려면, 단지 외형을 바꾸는 것보다 먼저 내부의 소통 방식과 태도부터 바꾸어야 합니다.**

부서 이기주의, 사일로를 타파하라

마지막으로 '협력'입니다. 조직은 서로 소통하고 대화해야 합니다. 이것이 바로 협력을 위한 조건입니다. 소통하지 않고 협력할 방법은 없습니다. 물론 그 기반에는 반드시 신뢰가 있어야 합니다. 소통은 이루어졌지만 신뢰할 수 없다면 협력은 불가능합니다. 조직 내에서 부서 간 협력은 필수적이지만, 현실적으로 갈등이 항상 존재합니다.

1980년대까지는 축구 경기에서 스트라이커만 인정받다 보니 다른 선수에게 패스하지 않고 자신이 직접 골을 넣으려고 했습니다. 하지만 선수 평가에 어시스트 제도가 생기면서 개인 간 협력이 활성화되었습니다. 이처럼 협력을 유도하려면 축구처럼 명확하게 수치화하기는 어렵지만, 그에 준하는 제도는 필요합니다.

조직에서 서로 협력이 잘 안 되는 이유는 모든 부서가 바빠서 다른 부서를 도와줄 여유가 없기 때문입니다. 그리고 우리 부서가 도와주어도 이득이 없다면, 굳이 부서원들의 불평을 감수하며 협력을 강요할 부서장은 없습니다. 이것이 부서 이기주의입니다. 경험에 의하면 부서 간에는 협력보다 갈등의 요인이 더 많습니다. 특히 다른 기준으로 평가받는 사업부와 사업부 간 갈등은 때로 도를 넘기도 합니다. 한 부서의 이익이 다른 부서의 손해가 되기 때문입니다. 사실 이러한 상태를 방치하는 상사는 직무 유기를 한 셈입니다. 각 사업부가 맡은 영역에서는 최적화가 된 것처럼 보이지만, 정작 회사 전체 관점에서는 부분 최적화에 머무르는 경우입니다.

부서 직원들은 "다른 부서가 일을 이렇게만 해주면 우리 부서가 훨씬 편할 텐데."라고 불만을 표시합니다. 부서장은 부서 간 갈등을 해소하는 데 상당 시간을 쓰게 됩니다. 저도 사장 초기에는 그런 일이 많았습니다. 대표가 된 이후, 갈등을 겪는 두 부서장을 서로 맞바꾸는 극단적인 조치를 취했더니, 서로서로 상대방을 이해하게 되면서 갈등을 스스로 해결하려는 모습을 보았습니다. 그 후 부서 간 갈등이 발생하면 부서장을 맞바꾸겠다고 선언했더니, 과거보다 훨씬 협력적인 분위기가 형성되었습니다.

그리고 의도적으로 개발 담당자를 제조 부서로 파견하여 생산이 안정화될 때까지 함께 일하도록 하는 제도를 만들기도 했습니다. 좋은 결과를 내려면 개발 초기부터 개발 부서와 제조 부서가 서로 대화하고 협력해야 한다는 사실을 알게 하는 것입니다. 이런 제도가 뒷받침되어야 자연스럽게 협력이 이루어집니다.

또 앞서 언급했던 부서 간 사일로를 없애기 위해 고위 임원을 순환 보직하도록 했습니다. 다른 부서로 전보되면 직위는 책임자이지만 그 부서 업무에서는 신입 사원이 됩니다. 따라서 실무를 파악하느라 부하 직원과 자연스럽게 소통하게 되고, 이전 부서에서 얻었던 아이디어를 접목해 보는 시도도 하면서 전체적으로 실력이 향상됩니다. 부서 간 협력도 되고 부서장이 새로운 경험을 축적하는 일석이조의 효과를 거둔 셈입니다. 부서를 평가할 때 일종의 연좌 시스템을 활용하는 것도 한 가지 방법입니다.

조직문화는 어떻게 '정신'에서 '시스템'으로 완성되는가?

도전, 창조, 협력은 지속적인 성장을 이끄는 문화가 됩니다. 하지만 이런 정신만으로는 충분하지 않습니다. 리더십이라는 필요조건과 제도화라는 충분조건이 갖춰져야 비로소 조직문화의 기반이 다져집니다. 나라마다 고유한 문화가 있고, 국민이 반드시 지켜야 할 법률이 있는 것처럼, 회사에서도 조직문화를 정착시키기 위해서는 인사, 평가, 교육 시스템이 제도화되어야 합니다.

도전 정신을 독려하려면 도전한 사람에게 합당한 보상과 평가가 따라야 합니다. 창의성을 장려하려면 호기심 많은 사람을 억누르지 말아야 합니다. 다양성이 인정받고, 다른 의견이 존중받는 조직이 되어야 창의성이 꽃필 수 있습니다. 협력도 마찬가지입니다. 협력의 필요조건은 소통이고, 충분조건은 신뢰입니다. 서로 말을 주고받더라도 믿지 못한다면 협력은 성립하지 않습니다. 따라서 조직이 협력을 원한다면 소통이 자연스럽게 일어날 수 있는 구조와 문화를 만들고, 구성원들이 서로를 믿을 수 있게 해야 합니다. 그리고 이 모든 과정을 리더가 솔선해서 실천해야 합니다.

하지만 현실은 그렇지 않습니다. 많은 조직에서 조직문화를 무너뜨리는 이유 중 하나는 리더의 말과 행동이 일치하지 않기 때문입니다. **리더의 일관성과 지속성이야말로 조직문화 형성의 핵심입니다.** 도전과 창조, 그리고 협력을 이끌어내려면 이를 뒷받침할 평가와 보상 체계도 함께 마련되어야 합니다.

저는 이런 정신을 바탕으로 조직문화를 정립하고자 했고, 그것을 시스템화하기 위해 노력했습니다. 지금 돌아보면 제도적 기반보다는 개인의 실행력에 의존한 부분이 많았고, 때로는 강한 추진력으로 밀어붙인 경우도 있었습니다. 어느 정도 성과는 있었지만 지속 가능성 측면에서는 한계를 가질 수밖에 없었다고 생각합니다. 이 경험은 조직 경영에서 제도와 시스템이 얼마나 중요한지를 다시금 깨닫게 해주었습니다. 제도가 법률이라면, 리더십을 통한 단기적 행위는 시행령이라고 볼 수 있습니다. 제도가 법률화되어야 후임자도 지키지만, 시행령은 폐기할 수도 있기 때문입니다.

제도가 미흡하더라도 리더십을 발휘해 당장의 불을 꺼야 할 때가 있습니다. 그럴 때 우선 실행해야 할 행동은 '선택과 집중', 그리고 '자율과 책임'입니다. 선택과 집중을 통해 확보한 여유 시간을 가치 있는 일에 쓰고, 자율과 책임을 통해 구성원의 역량을 최대한 끌어올리는 것입니다.

소통, 잘하려면
어떻게 해야 할까?

소통이 중요하다는 것은 누구나 알고 있습니다. 그러나 실제로 잘하기는 어렵습니다. 요즘 많은 경영자가 "직원들, 특히 MZ세대와 소통하기 어렵다."라고 말합니다. 심지어 "자식하고도 대화가 안 된다."라고 합니다. 가족과 대화를 자주 하는 것이 소통을 잘하기 위한 첫걸음입니다. 자식과도 소통하지 못하면서 직원과의 원활한 대화를 기대하는 것은 어불성설입니다.

최근에는 직위 대신 '님', '프로', 혹은 영문 이름으로 서로를 부르며 상하 관계의 벽을 허물려는 시도도 많습니다. 하지만 이런 시도를 통해 소통이 원활해졌다는 회사를 보긴 어렵습니다. 그래서 소통 전문가를 초청해 강의를 듣고, 컨설팅을 받기도 하지만 큰 효과는 없습니다. 그렇다면 왜 요즘 들어 소통이 더 어렵다고 느낄까요? 그 원인은 상사와 부하 중 누구에게 있을까요? 제가 보기에는 기득권자의 관념부터 바뀌어야 합니다.

소통을 잘하려면 우선 자기 관점이 아니라 상대방의 관점에서 접근해야 합니다. 물론 MZ세대의 생각이나 행동이 모두 옳다고 생각하지는 않습니다. 다만 세대 간의 차이를 먼저 이해할 필요가 있습니다. 현재의 리더들은 대부분 최빈국 혹은 후진국 시절에 태어나, 한국전쟁 이후 '먹고사는 문제'가 최우선이었던 환경에서 성장한 세대입니다. 상사의 지시가 다소 불합리하더라도 받아들일 수밖에 없었던 시대였죠. 조직의 행동 원칙은 상명하복上命下服이 기본이었고, 소통의 문화가 제대로 자리 잡기도 전에 우리는 선진국이 되었습니다.

반면 지금의 청년 세대는 선진국에서 태어나 부족함 없이 자란 사람들입니다. 선진국 세대에게 후진국 시절의 30대를 기준으로 이야기한다면, 그것은 '꼰대의 말'로 들릴 수밖에 없습니다. MZ세대는 삶의 가치 기준 자체가 바뀌었습니다. 매슬로의 욕구 이론에 따르면, '생존의 욕구'를 충족한 사람은 필연적으로 '성취와 자아실현'의 영역에서 가치를 찾습니다. 그런데 기성세대가 여전히 과거의 잣대인 '생존의 욕구' 수준에서 대화하니 문제가 생기는 겁니다. 지금 세대가 무엇을 필요로 하는지, 어떤 욕구가 있는지 이해하고, 그들이 납득할 만한 '카드'를 제시해야 합니다. 아무런 카드도 없이 "나 때는 말이야 훨씬 더 고생했어."라고 말한다면 그건 소통이 아니라 단절입니다.

많은 리더가 자신은 소통을 잘한다고 생각합니다. 자기가 말을 많이 하고 직원이 고개를 끄덕이면 소통이 잘 되고 있다고 착각합니다. 또는 회식이나 등산 같은 단체 활동을 소통의 증거로 여기기도 합니다. 하지만 소통은 겉치레가 아닙니다. 진정한 소통은 구성원이 불편한 점이나 어려움을 부담 없이 말할 수 있는 분위기에서 시작됩니다.

최근에는 타운홀 미팅(town hall meeting, 조직 구성원이 모두 모여 경영진과 직접 소통하는 공개형 회의), 토크쇼 같은 형식으로 직원들과 대화하려는 시도도 늘고 있습니다. 그러나 이런 자리에서도 상사가 앞에 앉아 있으면 누가 솔직하게 불만을 털어놓겠습니까? 결국 형식적인 '칭찬과 덕담'만 오가게 됩니다. 그렇게 되면 진짜 소통이 아니라 보여주기 위한 '쇼show통'으로 전락합니다.

소통이 제대로 이루어지려면 세 가지 요건을 만족해야 합니다.

1. 신뢰(Trust)

2. 경청(Listening)

3. 결과물(Result)

첫 번째 요건인 '신뢰'는 모든 소통의 출발점입니다. 신뢰가 있어야 대화가 가능합니다. 말과 행동이 일치하지 않거나 거짓말을 하거나 약속을 지키지 않는 사람과는 결코 신뢰를 쌓을 수 없습니다. 만약 그런 행동을 했다면 핑계나 변명 대신 즉시 사과하고, 행동으로 책임지는 모습을 보여야 합니다. 신뢰는 사소한 약속을 지키는 것에서 시작됩니다. "회의를 줄이자.", "시간을 지키자."라고 말했으면, 리더가 먼저 실천해야 합니다. 존경받는 어른이나 스승이 없다는 것은, 신뢰할 수 있는 인물이 없다는 뜻입니다. 결국 사회의 갈등이 깊어지는 이유도 신뢰가 무너졌기 때문입니다. 신뢰가 없는 조직에서는 어떤 말도 힘을 가지지 못합니다.

두 번째는 '경청'입니다. 말 잘하는 사람은 많지만, 듣는 능력이 뛰어난 사람은 드뭅니다. 성공할수록, 지위가 높을수록 '듣는 능력'이 떨어지는 경우가 많습니다. 자신의 경험을 과신하거나, 빠른 결정에 익숙해진 탓에 자기 이야기만 하는 것입니다. "한번 얘기해 봐."라고 해놓고 바로 "그럼, 이렇게 해."라고 말하는 태도는 소통이 아니라 지시입니다. 경청은 단순히 상대의 말을 듣는 것이 아니라, 왜 그런 말을 하게 되었는지를 이해하는 과정입니다. 단순한 듣기와 말하기hearing&speaking가 아니라, 경청과 대화listening&talking가 되어야 합니다. 어떤 말을 듣고 '이 친구는 왜 그런 생각을 하게 되었는지' 의견을 주고받고 문제점을 파악한 후 해결책을 함께 모색해야 진정한 경청입니다.

세 번째는 '결과물'입니다. 소통했으면 무엇인가 남아야 합니다. 웃으며 대화만 나누고 끝나면 그것은 단순한 '채팅'에 불과합니다. 대화의 결과로 문제가 해결되거나 감정을 교류했거나 새로운 아이디어나 실행이 나와야 진정한 소통입니다. 직원이 "상사와 이야기했더니 도움이 됐다."라고 느껴야 지속적인 소통이 가능합니다. 저는 멘토링을 많이 하는데, 멘티들이 계속 찾아오는 이유는 대화 후에 얻는 결과가 있기 때문입니다. 아무런 결과물이 없다면, 그 관계는 오래가지 못합니다.

결국 **진정한 소통이란 신뢰를 바탕으로 서로 귀 기울이고, 함께 의미 있는 결과를 만들어내는 일입니다.**

2부

리더

조직의 기둥

3장

리더는 현재를 넘어 미래를 준비해야 한다

리더십,
조직의 핵심 동력

조직의 지속적인 발전을 위해서는 '제도'가 필수적이지만, 그 제도 역시 리더의 주도 아래에서 만들어집니다. 그래서 무엇보다 좋은 리더가 선택되어야 하는 것입니다.

지금은 우리나라가 필리핀이나 태국보다 경제적으로 훨씬 앞서 있지만, 1970년대 초반까지만 해도 두 나라는 우리보다 더 잘 살았습니다. 그간의 변화는 결국 리더십의 차이에서 비롯된 것입니다. 우리나라가 한국전쟁의 폐허에서 이만큼 올라온 것은 각계각층에 좋은 리더가 있었던 덕분입니다. 그래서 어느 조직이나 경쟁력을 높이려면 가장 먼저 고려해야 할 것은 '시대 상황에 맞는 리더를 가지고 있는가?'라는 질문입니다. 자신은 떠나더라도 그 조직이 살아남고 번성할 수 있도록 만드는 것이 리더의 능력이고 책임입니다. 그래서 훌륭한 조직을 만들고 싶다면, 우선 훌륭한 인재를 길러야 합니다. 그리고 그들이 자랄 수 있는 문화를 만들어야 합니다. 후계자를 키우지 않는 조직은 반드시 단명합니다. 조직의 흥망성쇠는 리더에게 달려 있지, 구성원 때문이 아닙니다. 역사 속에서 나라가 망한 사례를 보면 국민의 게으름이나 무능보다는 지도자의 자질 부족이 더 큰 원인이었습니다.

요즘 들어 모든 분야에서 존경할 만한 스승이나 어른이 없다는 말을 자주 듣게 됩니다. 왜 이런 지경까지 오게 되었을까요? 조직의 장長이 된 후에 조직의 발전을 위해 추진할 뚜렷한 비전도 없이, 그저 장이 되는 것 자체를 목표로 삼았기 때문입니다. 그러다 보니 미래지향적이지 못하고, 자신의 업적을 드러내는 일에만 몰두하게 됩니다. "염불에는 관심 없고 잿밥에만 관심 있다."라는 속담이 꼭 들어맞는 모습입니다.

'선공후사先公後私', '노블레스 오블리주'를 말로는 강조하면서도 행동은 정반대로 합니다. 자기 잘못은 관대하게 용서하면서 남의 잘못은 가차 없이 비난합니다. 조직을 위해 봉사한다는 생각보다 조직을 이용해 권력을 즐기려는 사람들, 이들은 바로 사이비 리더입니다.

미국의 로널드 레이건 대통령이 재임 시절 자신의 집무실 책상 위에 두었던 문구는 리더라면 누구나 새겨야 할 말입니다.

누구의 업적인지 따지지 않는다면,
인간은 무엇이든 할 수 있고 어디든 갈 수 있다.
There is no limit to what a man can do or where he can go if he does not mind who gets the credit.

리더의 덕목은 무엇인가?

그렇다면 리더는 어떤 덕목을 갖춰야 할까요? 《초격차》에서 언급한 내외적 덕목을 모두 갖추도록 노력해야 합니다. 내면의 덕목은 진솔integrity, 겸손humility, 무사욕 無私慾, no greed, 세 가지입니다.

첫째, 진솔함이란 모든 상황을 객관적으로 판단하고 자신의 유·불리에 상관없이 말과 행동을 바꾸지 않는 태도를 말합니다. 반드시 진실만을 말하라는 뜻은 아닙니다. 상황에 따라 말은 변할 수 있지만, 의도를 관련 당사자들과 솔직하게 얘기할 수 있는 자세입니다.

둘째, 겸손이란 행동의 예의에 그치지 않고, 내가 모르는 것은 인정하고 누구에게라도 배우려는 자세를 말합니다. 지위가 높을수록 스스로 모든 것을 안다고 착각하는 사람이 많습니다. 그런 태도는 조직을 해치게 됩니다.

셋째, 무사욕이란 욕망이 아예 없다는 뜻은 아닙니다. 개인의 욕심이 조직의 목적을 해치지 않도록 스스로 절제하는 것입니다. 개인의 이익을 위해 부정한 방법이나 편법을 사용한다면 결국 조직은 흔들리게 됩니다.

이런 본성적 덕목은 대부분 리더가 성장해온 과정 전반에서 반복된 경험과 선택을 통해, 행동 DNA에 각인된 것일 수 있습니다. 바로 이런 이유로 성장환경이 중요하다고 하지만, 각고의 노력과 깨달음만 있다면 스스로 키워나가고 갖출 수도 있습니다.

그리고 외면의 덕목으로 '통찰력insight', '결단력decision', '실행력execution', '지속력sustainability'을 갖추어야 합니다.

이건희 회장께서 신경영을 추진할 때, 리더십의 핵심을 다섯 글자로 정리했습니다. 지행용훈평知行用訓評, 즉 리더는 알아야 하고, 실행해야 하고, 사람을 제대로 쓰고, 훈련시키고, 평가할 줄 알아야 한다는 뜻입니다. 이는 《초격차》에서 언급한 리더의 세 가지 능력인 통찰력, 결단력, 실행력을 더욱 간결하게 정리한 표현이자 리더가 갖춰야 할 기본기라 할 수 있습니다.

통찰력은 남들이 보지 못하는 흐름을 읽는 힘이고, 결단력은 수많은 선택지 가운데 무엇을 선택하고 무엇을 포기할지 신속히 판단하는 능력입니다. 실행력은 결정을 실제 행동으로 전환하는 추진력입니다. 그리고 이 모든 요소를 관통하는 요소가 바로 지속력입니다.

지금 리더가 성공 가도를 달리고 있다고 해도 그것은 '현재'에 국한된 일입니다. 모든 리더의 성공은 '현재'의 틀에 갇혀 있습니다. 자신의 재임 기간 안에 성과가 난다 해도 그가 떠난 이후에 부서나 조직이 어려움에 처하게 된다면 그는 리더의 중요한 덕목인 '지속력' 관리를 소홀히 한 것입니다. 그러므로 자신의 존재 여부와 상관없이 조직이나 회사의 현재 성공을 지속시킬 수 있는 '지속력'이야말로 진정한 리더를 만드는 가장 중요한 요소가 아닐까요?

리더는 임기가 있고 환경은 빠르게 변합니다. 인재와 자원이 풍부했음에도 조직이 쇠락한 사례는 무수히 많습니다. 그래서 지속력은 리더 개인의 능력만으로는 충분하지 않고, 반드시 제도의 뒷받침이 필요합니다. 저는 기존의 지행용훈평에 하나를 더해 지행용훈평양知行用訓評讓이라 말합니다. 여기서 '양讓'이란 후계자 후보군을 키우고, 권한을 이양할 수 있는 절차와 제도를 갖추는 것을 뜻합니다. 오너 자제라 하더라도 무조건 가업을 승계하는 것이 아니라, 일정한 경험과 실적을 통해 책임을 맡을 수 있는 시스템, 이것이 바로 이양移讓 제도입니다.

최근 많은 기업이 가족 간 경영권 분쟁이나 전문경영인의 독단으로 어려움을 겪는 것은 이 이양 과정이 실패했기 때문입니다. 최고 책임자를 잘못 선택해 조직이 무너지는 사례는 셀 수 없이 많습니다. 반대로 적절한 후계자 육성과 투명한 권한 이양 절차가 철저히 마련되어 있다면 조직은 지속적으로 발전할 수 있습니다.

리더의 능력과 그릇은 어떻게 드러나는가?

리더에게는 통찰력, 결단력, 실행력과 같은 '능력'뿐 아니라 '그릇'도 꼭 필요합니다. 능력capability은 후천적으로 키울 수 있지만, 그릇capacity은 인성과 지혜에서 비롯되며 단기간에 형성되지 않습니다. 리더가 능력이 부족하면 오판하고, 지혜가 부족하면 오만해지면서 실패합니다. 실패한 리더에게는 몇 가지 공통점이 있습니다. 재임 기간의 실적을 부풀리기 위해 미래에 써야 할 자원을 소모하고, 자기의 영향력을 유지하기 위해 후계자를 키우지 않습니다. 때로는 오히려 자질이 부족한 사람을 후계자로 선택해 조직의 미래를 가로막기도 합니다. 의도가 어찌 되었든, 결과적으로 미래를 망친 리더는 결격이 분명합니다. 그래서 저는 "실패한 리더란 미래를 망친 리더"라고 말해왔습니다.

결국 리더의 능력은 조직의 생존을 위한 덕목이고, 리더의 그릇은 조직의 성장을 위한 덕목입니다. **생존을 위해서는 능력이 필요하지만, 성장하려면 지혜가 필요합니다.** 오늘날 많은 리더가 지식 축적에는 열심이지만, 그 지식을 자신만의 철학과 지혜로 승화시키는 노력은 부족합니다. 지식은 배움으로 쌓이지만, 지혜는 사고思考, 성찰, 경험을 통해서만 얻을 수 있습니다. 그래서 그릇을 키우는 데에는 시간이 필요하고, 본성, 환경, 경험이 맞물려 작용하는 긴 과정을 거칩니다.

우리는 흔히 '그릇이 크다', '그릇이 작다'라는 표현을 씁니다. 그릇이 큰 사람은 개방적이고 진취적이며 포용력이 있습니다. 반대로 그릇이 작은 사람은 편을 가르고, 자신의 이익을 기준으로 모든 일을 판단합니다. 주변만 둘러봐도 누가 그릇이 크고 누가 그릇이 작은지 금방 느낄 수 있습니다.

중국 역사에서도 좋은 사례를 찾을 수 있습니다. 항우와 유방 이야기입니다. 항우는 귀족 출신에 능력도 뛰어났지만, 인재를 품지 못했습니다. 한신, 장량 같은 유능한 인재들을 배척했고 결국 그들은 유방에게 돌아갔습니다. 반면 유방은 흙수저 출신으로 젊은 시절 한량처럼 지냈지만, 사람을 품을 줄 아는 그릇이 컸습니다. 그래서 천하를 얻고 한나라의 초대 황제가 될 수 있었습니다.

조직도 같습니다. 오래가려면 인재를 키우고, 그 인재가 성장할 수 있는 문화를 함께 만들어야 합니다. **리더는 '능력'과 '그릇'을 동시에 갖춰야 조직을 생존하게 하고 성장하게 만들 수 있습니다.**

정리하자면 통찰력, 결단력, 실행력 같은 능력은 현재를 버티게 하는 생존 역량입니다. 그러나 지속 가능한 조직을 만들려면 그릇이 필요합니다. 진솔함, 겸손함, 무사욕 같은 인격적 자질이 뒷받침될 때 리더는 비로소 진정한 리더로 평가받을 수 있습니다.

   다시, 초격차

통찰력,
리더십의 기초

통찰력은 리더십의 기본이고 기초가 됩니다. 통찰력이 부족한 리더가 이끌어 성공한 조직은 없습니다. 패스트 팔로어 시대에는 선진국이 해놓은 결과를 보고 그걸 '어떻게' 할지만 고민하면 됐습니다. 그러나 지금은 카피할 대상이 사라졌습니다. 이제는 '무엇을' 할까를 정하는 통찰력이 더 중요해졌다고 했습니다. 그렇다면 통찰력은 어떻게 키울 수 있을까요? 많은 분이 통찰력은 타고나는 능력이라고 생각하지만, 저는 그렇게 보지 않습니다. 통찰력은 훈련을 통해 충분히 길러질 수 있습니다.

통찰력을 키우기 위해서는 기본적으로 지식과 경험이 필요합니다. 우선 지식을 충분히 쌓아야 합니다. 하지만 많은 사람이 바쁘다는 이유로 공부를 게을리합니다. 과거에는 학교에서 배운 전공 지식 하나만으로도 평생을 살아갈 수 있었습니다. 그러나 지금은 세상이 너무 빠르게 변하기 때문에 새로운 지식을 계속 배우고 익히지 않으면 살아남을 수 없습니다.

그렇다고 지식만으로 되는 것도 아닙니다. 실제 경험이 없으면 경영은 어렵습니다. 현실에서 직접 부딪히고 느끼는 과정이 있어야 합니다. 산속에 들어가 명상을 많이 한다고 해서 통찰력이 생기지는 않습니다. 지식과 경험은 통찰력을 키우기 위한 기초입니다.

그렇다면 지식과 경험을 효과적으로 쌓는 방법은 무엇일까요? 시간과 공간의 한계 때문에, 혼자서 모든 지식을 익히거나 모든 경험을 다 해볼 수는 없습니다. 가장 쉽고 값싸게 간접 경험을 쌓는 방법이 바로 독서입니다. 빌 게이츠나 일론 머스크 같은 혁신가들이 독서를 강조하는 이유가 여기에 있습니다. 책을 읽고, 전문가를 만나며, 거기서 얻은 생각을 스스로 곱씹어봐야 비로소 자기 것이 됩니다. 그게 통찰력의 시작입니다. 다양한 자극과 생각 없이 단지 정답만 찾으려는 사람에게 통찰력은 생기지 않습니다.

저는 사장이 된 이후로 일부러 다양한 분야의 사람을 많이 만났습니다. 경영인, 예술가, 심리학자, 스타트업 창업가 등 서로 다른 배경의 사람들과 대화했습니다. 그들의 이야기를 들으며 '이런 기술을 준비해야겠구나', '이 아이디어를 조직에 적용하면 어떨까'라는 생각을 자주 했습니다. 다양한 분야에 종사하는 전문가와의 대화야말로 사고의 폭을 넓히는 가장 확실한 길입니다.

독서할 때도 특정 분야에 머물지 않았습니다. 경영학, 역사, 과학, 심리학, 철학, 예술 등 다양한 분야의 책을 읽었습니다. 각기 다른 분야의 개념을 이해하다 보면 사고의 연결고리가 생기고, 거기서 통찰이 싹틉니다.

현재에서 지식을 쌓고, 통찰로 미래를 준비한다

저는 어떤 리더가 통찰력이 있는지를 판단할 때, 그가 본업과 상관없는 사람들을 얼마나 자주 만나느냐를 봅니다. 리더들은 대부분 하루를 부서 직원, 고객, 협력업체처럼 자신이 일하는 분야의 사람들, 즉 이해관계자들과 보냅니다. 그러다 보니 자신이 속한 세계 밖과의 채널이 막혀 있는 경우가 많습니다. 그러면 통찰력이 생길 수 없습니다. 통찰력을 갖고 싶다면 자기 영역 밖을 보아야 합니다. 새로운 기술과 아이디어를 접할 때 비로소 새로운 사업을 구상할 감각이 생깁니다. 통찰력은 속성으로 얻는 능력이 아니라, 꾸준한 사고의 숙성으로만 길러지는 힘입니다.

스티브 잡스가 "애플은 인문학과 기술의 교차점에 있다."라고 말한 이후로, 우리나라 리더들도 조찬회나 고전연구회를 통해 인문학 공부를 열심히 합니다. 인문학은 인간을 이해하는 학문이고, 경영은 사람을 다루는 일이니 분명히 중요합니다. 그러나 단순히 교양을 쌓는 수준에서 멈춘다면 의미가 없습니다. 아리스토텔레스든, 공자든, 그들이 왜 그런 말을 했는지, 그리고 그 말을 오늘날 어떻게 해석하고 적용할 수 있을지를 생각해야 합니다. 시대를 관통하는 주제는 있을 수 있지만, 해석은 시대에 따라 달라져야 합니다. 중요한 것은 그 메시지를 어떻게 현대적으로 전달하고 실천하느냐 하는 것입니다. 그런 사고 훈련을 통해 기업을 성장시키는 방법을 찾을 때 인문학 공부의 진정한 의미가 있습니다.

지식과 경험은 과거와 현재에서 얻는 것입니다. 그러나 통찰력은 미래를 보는 능력입니다. 과거의 데이터를 아무리 잘 분석해도 통찰력이 생기지는 않습니다. 통찰력은 과거와 현재를 연결해 앞으로 어떤 일이 일어날지를 예측하는 힘입니다. 지식과 경험을 바탕으로 현상을 관찰하고, 그것을 스스로 사고로 발전시킬 때 비로소 통찰력이 생깁니다. 단순히 관찰하면서 그것을 깊이 생각해 보거나 의문으로 발전시키지 못하면 아무런 의미가 없습니다. 관찰한 사실을 바탕으로 자신의 논리를 전개하고 의문을 품는 것, 그것이 사고력입니다. 그리고 그 사고력 위에 통찰력이 세워집니다.

통찰력이 뛰어난 사람은 흔히 말하는 '노이즈' 속에서 '시그널'을 읽어냅니다. 마치 원석 속에서 보석을 발견하듯, 남들이 무심코 지나치는 정보 속에서 핵심을 찾아냅니다. 예를 들자면 1980년대 중반 PC가 막 보급되던 시절, 대부분의 기업은 하드웨어 중심의 사업 모델에 집중했습니다.

그러나 빌 게이츠는 컴퓨터 운영체제, 즉 소프트웨어가 진짜 핵심임을 간파했고, 결과적으로 세계 최초의 소프트웨어 기반 수익 모델을 만들었습니다. 삼성의 창업주 이병철 회장 역시 전자산업의 흐름을 읽어내고, 반도체가 전자산업의 핵심이 될 거라고 판단했습니다. 당시 우리나라에는 반도체 산업 자체가 거의 없었지만, 그 무모한 결정이 결과적으로는 정확한 통찰이었습니다.

사업의 본질은
무엇인가?

지금은 과거보다 훨씬 어려운 시대입니다. 이미 존재하는 것을 보고 따라 하는 수준이 아니라, 아무것도 없는 상태에서 '무엇을' 해야 할지를 정하고 만들어가야 하기 때문입니다. 그래서인지 "앞으로 무엇을 해야 합니까?", "어떤 사업을 선택해야 합니까?", "이런 사업을 구상 중인데 어떻게 생각하십니까?"라는 질문을 자주 받습니다. 명확한 해답을 줄 수는 없지만, 제가 실제로 사업을 결정할 때 사용했던 판단 기준을 공유하고자 합니다.

저는 적자 사업을 여러 차례 맡았지만, 그 분야의 전문 지식도, 경험도, 조언자도 거의 없었습니다. 그래서 스스로 판단의 틀을 세워 사업 추진 여부를 결정했습니다. 그때 제가 가장 중요하게 본 것은 해당 사업의 본질과 미래 성장성이었습니다. 구체적으로는 세 가지 기준을 두었습니다. 통찰력을 확보하기 위한 훈련입니다.

1. 추진하는 사업의 기술 개발 주기와 제품의 수명 주기는 얼마나 되는가?

2. 추진하는 사업이 B2C인가, B2B인가?

3. 추진하는 사업에서 무엇이 must-to-have이고, nice-to-have인가?

롱 사이클과 쇼트 사이클 사업의
특징은 무엇인가?

첫 번째 기준은 기술 개발 주기와 제품·서비스 수명 주기가 롱 사이클long cycle인지, 쇼트 사이클short cycle인지 구분하는 것입니다. 예를 들어 화학이나 철강 산업은 생산자 입장으로 판단하면 대표적인 롱 사이클 사업입니다. 공장이 가동되면 설치된 기술을 쉽게 바꿀 수 없기 때문입니다. 롱 사이클 사업은 신기술 개발 효과를 바로 볼 수가 없어 결국 원가 경쟁으로 귀결되기 쉽습니다. 후발주자가 더 효율적으로 생산하는 공장을 세우거나 규모를 키워 낮은 원가로 제품을 만들 수 있기 때문입니다. 우리나라의 주력 산업이었던 철강, 화학, LCD, 2차 전지 사업이 최근 어려움을 겪는 이유는 중국 기업들이 더 큰 공장을 짓고, 정부 지원을 받으며, 가격 경쟁에서 앞서고 있기 때문입니다.

가정용 TV나 냉장고 같은 제품은 사용 주기가 5~10년으로 깁니다. 소비자 입장에서 롱 사이클 제품입니다. 이런 제품은 한 번 구매하면 교체까지 시간이 오래 걸리므로, 생산자가 아무리 신기술을 개발해도 시장이 성장하지 않으면 한계가 생깁니다. 결국 가격 경쟁으로 이어집니다.

2000년대 말, 전 세계적으로 솔라셀(Solar cell, 태양전지) 열풍이 불었습니다. 당시 전 세계적 이슈였던 기후 변화의 주된 원인으로 이산화탄소 배출이 지목되면서, 이를 줄이기 위한 청정에너지 기술 개발이 필요해졌기 때문입니다. 그중 하나가 솔라셀 기술이었습니다. 수많은 국내 기업도 솔라셀 관련 사업에 뛰어들었지만, 사업적으로 성공한 회사는 거의 없었습니다.

당시 반도체를 맡고 있던 저에게도 솔라셀 사업을 추진하라는 요구가 있었지만, 저는 하지 않기로 결정했습니다. 실리콘 기반의 솔라셀 기술은 구조 자체가 비교적 단순해 기술적으로 발전할 여지가 크지 않았고, 설치 후 10년 이상 사용하는 특성상 전형적인 롱 사이클 사업이었기 때문입니다. 예상했던 대로 시간이 지날수록 경쟁은 원가 싸움으로 흐르게 되었고, 결국 중국 정부의 정책적 지원을 받은 중국 기업들만이 살아남았습니다.

제가 적자 상태의 디스플레이 회사를 맡았을 때 주력 제품은 TV용 대형 LCD 디스플레이였습니다. 그러나 중국 업체들의 추격이 거세고 시장 교체 주기도 길었습니다. 저는 LCD 사업을 축소하고, 교체 주기가 짧은 스마트폰용 OLED 디스플레이 중심으로 전환했습니다. 결과적으로 흑자를 실현할 수 있었지요. 롱 사이클 제품은 구조적으로 수익성이 약해질 수밖에 없습니다.

반면 반도체 산업은 기술 주기와 고객의 교체 요구가 2~3년마다 바뀌는 쇼트 사이클 사업입니다. 기술 경쟁력을 확보하면 지속적으로 큰 이익을 낼 수 있습니다. 그래서 '초격차' 전략이 통했던 것입니다. 물론 쇼트 사이클이 무조건 좋다는 뜻은 아닙니다. 여성들이 사용하는 화장품은 하루 단위로 소비되는 쇼트 사이클 제품이라 경쟁이 매우 치열합니다. 하지만 경쟁력을 갖추면 큰 성공을 거둘 수 있습니다. 최근 K-뷰티가 세계적으로 주목받는 이유도 여기에 있습니다. 중요한 것은 사업의 본질을 이해하는 것입니다. 롱 사이클이든 쇼트 사이클이든, 핵심은 그 안에서 내가 어떤 경쟁력을 가질 수 있느냐 하는 것입니다. 단순히 '열심히 하겠다'라는 의지만으로는 부족합니다.

B2B와 B2C 사업의 차이는 무엇인가?

두 번째 기준은 'B2C 사업인가, B2B 사업인가'입니다. B2C는 불특정 다수의 고객에게 판매하는 구조이고, B2B는 기업 간 거래 구조입니다. 둘은 전략부터 접근 방식까지 완전히 다릅니다. 데이트와 결혼에 비유할 수 있습니다. B2C 사업은 데이트와 같습니다.

상대가 마음에 들지 않으면 언제든 바꿀 수 있습니다. 아이폰을 쓰다가 갤럭시로 바꿔도 아무런 문제가 없는 것처럼 말이죠. 물론 제품이 좋다고 해서 항상 성공하는 것은 아닙니다. 다소 부족한 점이 있더라도 마케팅과 영업력이 뛰어나면 성공할 수 있습니다. 시장 상황에 따라 소비자는 가성비를 따지다가도, 어느 순간 브랜드 가치를 선택하기도 합니다. 최근 세계적으로 주목받는 K-화장품이 대표적인 B2C 사례입니다.

반면 B2B 사업은 결혼과 같습니다. 상대방의 성격, 가족 관계, 환경을 충분히 고려해야 하고, 쉽게 시작하거나 끝낼 수 없습니다. 한 번 관계를 맺으면 오래갑니다. B2B 사업도 같습니다. 단순히 제품이나 기술이 좋다고 사업이 시작되는 것이 아닙니다. 차세대 기술 로드맵이 있어야 하는 것은 기본이고, 상대방에 대한 신뢰, 조직 내부의 의견 통일, 여러 단계의 검토를 거치므로 진입 장벽이 높고, 맺어지기까지 많은 시간과 노력이 필요합니다. 결국 B2B는 CEO의 비즈니스입니다. 기술이 아무리 뛰어나도 장기적인 파트너십을 형성할 신뢰와 채널이 없다면 시작조차 어렵습니다. 실제로 최종 결정을 내리는 사람과 연결될 수 있어야 합니다. 그 통로가 없다면 B2B는 시작하지 않는 것이 낫습니다. 기술력도 중요하지만, 누구에게 팔 수 있느냐 하는 것이 더 중요하다는 이야기입니다.

우리나라에서 팹리스(fabless, 제조 시설 없이 반도체 설계만 담당하는
기업) 사업이 힘든 이유는 B2B 사업의 속성을 간과하기 때문입니
다. 그래서 저는 B2B 사업으로 창업을 준비하는 이들에게 늘 묻습
니다. "누구에게 팔 건가요? 최종 결정 책임자와 만날 수 있는 채널
이 있나요?" 이 질문에 답하지 못하면, 아무리 기술이 좋아도 시장
에서 설 자리가 없습니다.

사업을 위해 무엇을 확보해야 하는가?

세 번째 기준은 추진하려는 사업이나 기술이 '꼭 확보해야 하는 것
인지must-to-have', '확보하면 좋은 것인지nice-to-have'를 결정하는
일입니다. 대학교 수강 신청으로 비유하면 전공 필수 과목과 선택
과목으로 생각하면 됩니다. 필수 과목은 이수하지 못하면 졸업을
할 수 없지만, 선택 과목은 잘할수록 실력이 한 단계 향상되는 역할
을 합니다. 물론 상황에 따라 선택 과목이 필수 과목이 되기도 하겠
지요. 사업도 마찬가지입니다.

1800년대 중반 미국 캘리포니아에서 금이 발견되면서 '골드러

시gold rush'가 발생했습니다. 모두 금을 캐러 서부로 몰려갔지만, 금으로 성장한 기업은 있었는지 모르겠습니다. 금광에서 일하던 광부에게 청바지를 팔았던 리바이스Levi's는 아직도 남아 있습니다. 선택 과목으로 전환해 더 좋은 결과를 만든 사례입니다. 기업도 꼭 확보해야 하는 것에만 집착하지 않고 확보하면 좋은 영역도 항상 관찰하고 있어야 합니다.

과거에는 회사 내부에서 모든 것을 설계하고 만들고 처리하는 수직 계열화가 경쟁력이었던 시절이 있었습니다. 그러나 미국이 주도한 세계화가 진행되면서 핵심 기술에만 집중하고 그 외의 영역은 글로벌 소싱global sourcing이나 아웃소싱outsourcing을 통해 투자를 줄이고 원가를 개선하는 모델이 대세가 되었습니다. 그러한 자유무역 덕분에 우리나라도 경제 성장을 이룰 수 있었지요. 그러나 팬데믹과 무역전쟁 같은 상황이 발생하면서 SCM(Supply Chain Management, 공급망 관리) 시스템이 붕괴되고 자유무역이 점차 퇴조하고 있습니다. 과거 모델로 완전히 돌아갈 수는 없겠지만 앞으로 상당한 변화가 있을 것입니다.

이런 상황에서는 기업이 무엇을 꼭 확보해야 하는지를 파악하고 결정해야 합니다. 자신의 핵심 역량을 가진 분야는 사활을 걸고 경쟁력을 확보해야 합니다. 일본 반도체 기업들은 메모리 사업을 반드시 확보해야 하는 영역이 아니라 확보하면 좋은 영역으로, 시스템 반도체(비메모리) 사업을 '반드시 해야 하는 과제must-to-do'로 잘못 판단한 결과, 1980년대 반도체 강국의 지위에서 추락했습니다.

반면 미국은 시스템 설계에 강점을 바탕으로 팹리스 산업이 발전하면서 엔비디아, 퀄컴 같은 기업이 탄생했습니다. 대만의 TSMC는 로직 반도체 공정 개발에 집중하면서 파운드리(foundry, 다른 회사가 설계한 반도체를 대신 제조해주는 사업)라는 새로운 사업 모델을 만들었고, 세계 로직 공정의 선두주자가 되었습니다.

이처럼 미래를 위해 무엇을 꼭 확보해야 하는지를 알아야 합니다. 우리나라는 메모리 반도체의 최강국이지만, 앞으로 무엇을 확보해야 그 위치를 유지하고 더 나아갈 수 있을지 준비해야 합니다. 최근 선진국 모두가 반도체, 특히 비메모리 산업 육성을 위해 정부 주도 정책을 추진하고 있지만 쉽지는 않을 것입니다. 우리도 마찬가지입니다. 반드시 해야 하는 것을 위해서는 비메모리 산업의 특성을 이해하고 이를 위한 선행 조건을 준비해야 합니다.

반도체 산업은 현재 세계적인 기술 패권 경쟁의 중심에 서 있습니다. AI 시대가 되면서 반도체 없이는 사실상 어느 기술도 실제로 구현하는 것이 불가능해졌습니다. AI라고 이름 붙는 수많은 기술이 결국 마지막에 도달하는 물리적 기반이 바로 반도체입니다. 최근 세계적으로 품귀가 된 AI 반도체를 공급하는 엔비디아의 시가총액이 세계 1, 2위를 다투게 된 것도 이를 증명합니다. 소프트웨어가 아무리 뛰어나도 그것을 실제로 구동할 '두뇌'가 없으면 무용지물입니다. 그 두뇌를 구성하는 것이 바로 반도체라는 하드웨어입니다.

AI 기술이든 모빌리티든, 헬스케어든, 모든 첨단 기술의 중심에 반도체가 있다는 사실은 이제 전 세계적으로 인식하고 있습니다. 미국이 그렇게 반도체 주권을 강조하고 정책적으로 뒷받침하는 것도 여기에 있습니다. 어떤 산업이든 결국 하드웨어 성능이 받쳐줘야 최고의 퍼포먼스를 낼 수 있습니다. 아무리 실력이 좋은 카레이서라도 시속 100km밖에 못 나가는 차를 몰아서는 이길 수 없습니다. 반대로 누가 몰든 최신 스포츠카를 타면 경쟁력이 생기는 법입니다.

다행히 우리나라는 반도체 제조 기술에서 이미 상당한 기반을 갖추고 있습니다. 특히 최첨단 제조 기술 측면에서는 세계적인 수준입니다. 하지만 여기서 멈춰서는 안 됩니다. 앞으로 어떤 기술로, 어떤 인재로 이 우위를 유지하고 확장해나갈지 정부와 학계, 기업이 모두 머리를 맞대고 진지하게 고민해야 합니다. 단기적 시야로 접근해서는 안 됩니다. 반도체는 성과가 즉각적으로 눈에 보이지 않고 시간도 오래 걸리는 산업이기 때문에, 지금의 작은 결정 하나가 10년 뒤 산업 생태계 전체를 좌우할 수 있습니다.

메모리는 잘하는데
비메모리는 왜 어려운가?

우리나라는 메모리 반도체 분야에서 세계 최고 수준입니다. 누구나 인정하는 사실입니다. 하지만 비메모리 분야는 상대적으로 뒤처져 있다는 지적을 많이 받습니다. 신문이나 언론에서도 "왜 메모리는 잘하는데 비메모리는 못하느냐?"라는 질문이 많이 나오지요. 그런데 이 문제는 단순 비교로 풀 수 있는 사안이 아닙니다. 많은 사람이 이 차이를 정확히 이해하지 못하고 있다고 생각합니다.

우리가 메모리 반도체를 잘하게 된 것은 운 때문만이 아니라 기술적 특성과 우리 사회의 장점이 잘 맞아떨어졌기 때문입니다. 메모리는 양궁에 비유할 수 있습니다. 룰이 단순합니다. 정확히

10점을 맞히는 것이 목적이고, 그 목표는 바뀌지 않습니다. 메모리의 기본 기능인 '읽기'와 '쓰기'는 수십 년 전이나 지금이나 같습니다. 목표가 고정된 것이죠. 우리나라는 이런 명확한 목표 아래에서 탁월한 공정 기술과 제조 능력을 키운 덕분에 세계 시장을 선도할 수 있었습니다.

그런데 비메모리는 다릅니다. 클레이 사격과 비슷합니다. 타깃이 어디서 날아올지 모릅니다. 그러면 무엇이 중요할까요? 타깃이 어디서 나올지, 어떤 경로로 날아갈지를 '예측하는 능력'이 핵심입니다. 미국이 앞선 이유가 여기에 있습니다. 미국은 통신, 컴퓨터 등 거의 모든 시스템을 자국에서 정의하고 필요한 기술을 발명하며 직접 설계해 왔습니다.

반면 우리는 그런 시스템을 주도적으로 설계해 본 경험이 거의 없습니다. 일본과 유럽도 소재와 장비에서는 최고 수준이지만, 자국 내에서 시스템을 직접 정립한 경험은 거의 없었습니다. 그래서 한국처럼 비메모리 사업이 잘 안 되는 것입니다. 중국은 거대한 내수 시장을 중심으로, 정부 주도하에 밀고 가는 특수한 국가라 별도로 봐야 할 것입니다.

시스템 설계란 단순한 하드웨어 제조가 아니라, 사용자 니즈와 기술 흐름을 읽고 시장을 만드는 제품을 하나의 아키텍처(architec-

    다시, 초격차

ture, 칩이 어떻게 돌아가는지를 정하는 구조와 설계 방식)로 구현하는 능력입니다. 완전히 다른 차원의 문제입니다.

비메모리 사업을 단순히 '열심히 하면 된다'라고 접근할 수 있을까요? 절대 아닙니다. 메모리를 잘한다고 비메모리를 잘하게 되는 것도 아닙니다. 본질이 다르기 때문입니다. 메모리는 특정 기능을 더 빠르게, 더 작게, 더 효율적으로 만드는 것이 핵심입니다. 그래서 소품종 초대량 생산이 가능했고, 우리가 그 구조에서 강점을 보였던 것입니다.

그런데 많은 사람이 오해하는 것이 있습니다. 비메모리는 다품종 소량 생산이니 우리나라의 민첩한 중소기업이 잘할 수 있다고 착각합니다. 완전히 잘못된 판단입니다. 비메모리도 사업이 되려면 이제는 다품종 대량 생산이 필요합니다. 대량 생산을 하려면 자원이 많이 투입되어야 하고, 설계 능력뿐 아니라 이를 대규모로 생산할 수 있는 제조 능력도 필요합니다. 우리는 아직 이 부분에 충분한 자원을 투입하지 못하고 있습니다. 그래서 쉽지 않은 것입니다.

또 한 가지 중요한 점은 시스템 반도체는 메모리처럼 '정해진 목표'를 향해 달리는 구조가 아니라는 점입니다. 시장 흐름에 따라 매년 새로운 시스템이 등장하고, 그 시스템에 따라 요구되는 반도체도 바뀝니다. 우리가 열심히 따라잡았다고 해도 다음 해에는 또 새로운 기술이 요구됩니다. 카피 전략으로는 절대 버틸 수 없는 구조입니다.

결국 우리가 해야 할 일은 '비메모리도 열심히 하자'가 아닙니다. 국가 차원에서 시스템 설계 역량을 갖춘 인재와 조직을 키워야 합니다. 그리고 국가 차원에서 활용할 분야에 필요한 비메모리 반도체의 수요처를 찾아주어야 합니다. 단기간에 성과를 내겠다는 조급함을 내려놓고, 중장기 전략과 구조적 지원을 바탕으로 비메모리 산업을 키워야 합니다. 단순한 패스트 팔로어 전략으로는 한계가 분명합니다. 시스템을 리딩해 본 경험이 없는 나라는 첫 단추부터 다시 꿰어야 합니다.

결단력, 리더십을 드러내는 첫 단계

통찰력이 자리를 잡으면, 그다음에 필요한 것은 결단력입니다. 통찰을 통해 사업의 본질을 꿰뚫었다면, 이제는 무엇을 할지를 확정하고 실제로 추진할 힘이 필요합니다. 단순히 결정을 내리는 것만으로는 충분하지 않습니다. 추진하려는 프로젝트를 왜 해야 하는지, 목표가 무엇인지, 어떻게 이룰 것인지에 대한 깊은 사고가 전제되어야 합니다. 그리고 결단의 이유를 논리적으로 구성원들에게 설득력 있게 설명할 수 있어야 합니다. 단지 생각으로만 머무른다면 아무 소용이 없습니다. 결단력은 리더십이 외부에 드러나는 첫 단계로 실력과 용기가 부족하면 키우기가 어렵습니다.

제가 만나온 대부분의 창업자는 결단력이 뛰어났습니다. 사업이라는 전쟁터에서 수많은 실전을 거치며 체득한 능력입니다. 반면 창업자의 후계자나 전문 경영자 중에는 의외로 결단력이 부족한 경우가 많습니다. MBA 학위가 있어 경영 이론에는 밝지만, 실전 경험이 부족해 큰 결정을 내리지 못합니다. 전쟁터에 한 번도 가보지 못한 군인이 전쟁을 잘할 수 없는 것과 같습니다. 자동차에 비유하면, 창업자는 액셀만 밟는 질주 운전을 하다가 사고를 내고, 가업 승계자는 브레이크를 자주 밟으면서 사업을 정체시키는 경향이 있습니다. 리스크만 생각하다가 아무 일도 하지 못하는 경영자가 많습니다.

새로운 일에는 항상 위험이 따릅니다. 중요한 것은 위험을 피하는 것이 아니라, 위험을 관리하며 기회를 만들어내는 힘입니다. 경영자는 리스크를 피하는 사람이 아니라, 리스크를 해결해 사업이 앞으로 나아가게 만드는 사람입니다. 최근 한국의 경영자들이 신규 사업이나 해외 기술기업의 인수·합병에 소극적인 것도 결국 결단력의 부재 때문이라고 생각합니다.

이것은 개인의 문제가 아니라 한국 사회의 구조적 문제이기도 합니다. 우리는 어릴 때부터 실수와 실패를 피하도록 교육받았습니다. 이런 경험이 쌓이면 성인이 되어서도 실패를 두려워하게 됩니다. 앞서 언급했듯이 실수를 가장 적게 한 사람이 리더가 되면, 회의만 거듭하면서 결정을 내리지 못하는 현상이 생깁니다. 완벽주의자처럼 보이지만, 실제로는 우유부단한 경우가 많습니다. 실력까지 부족한 리더는 부하의 의견도 신뢰하지 못합니다. 이런 상사는 늘 회의와 검토만 반복하다가, 일이 잘되면 공을 자신에게 돌리고 실패하면 직원의 탓으로 돌립니다. 이런 유형이 바로 결단력 없는 리더의 전형입니다.

패스트 팔로어 시대에는 느려도 완벽하게 준비하는 전략이 통했지만, 퍼스트 무버 시대에는 조금 부족하더라도 빠른 결단이 중요합니다. 현대 경영에서는 목표를 달성하기 위해서는 항상 '타이밍'이라는 변수를 고려해야 합니다. 같은 아이디어를 가진 경쟁자가 먼저 사업화할 수 있기 때문입니다.

미국의 스티브 잡스, 빌 게이츠, 일론 머스크, 마크 저커버그 같은 혁신가들이 학업을 중단하고 창업에 나선 이유도 결국 타이밍의 중요성을 알았기 때문입니다. 반면 우리 사회는 여전히 학벌, 즉 스펙을 중시하기 때문에 마주하기 힘든 현상이지요.

결단력이 뛰어난 리더의 사례를 살펴보겠습니다. 한때 세계 반도체 시장을 주도했던 인텔은 위기를 기회로 바꾼 대표적인 기업입니다. 1980년대 일본의 메모리 업체들이 급부상하자, 당시 CEO였던 앤디 그로브Andy Grove는 주력 사업이던 메모리 분야에서 과감히 철수하고, CPU로 방향을 돌렸습니다. 메모리 사업은 당시 인텔 매출의 절반 이상을 차지하던 핵심 영역이었기에, 이는 회사를 걸고 내린 결단이었습니다. 그러나 그 선택이 결국 인텔을 세계 1위의 반도체 기업으로 이끌었습니다.

삼성의 이건희 회장도 마찬가지입니다. 1980~90년대 메모리 시장은 '치킨게임' 상태였습니다. 대부분의 기업이 투자를 줄일 때, 그는 불황기에도 R&D와 설비 투자를 멈추지 않았습니다. 8인치, 12인치 웨이퍼 라인을 세계 최초로 구축하는 결단을 내렸고, 결국 일본을 제치고 세계 정상에 올랐습니다. 이런 결단력은 단순한 결정이 아니라, 회사의 사활을 걸고 내리는 판단입니다.

결단력은 훈련으로 키워집니다. 어릴 때부터 스스로 선택하고, 그 결과에 책임지는 경험을 쌓아야 합니다. 하지만 요즘은 부모가 자식이 스스로 해야 할 일까지 모두 대신해 주니 성인이 되어서도 결정을 못 내리는 경우를 많이 보게 됩니다. 기업도 비슷합니다. 창업자는 승계자에게, 오너는 전문경영인에게, CEO는 부하 직원에게 권한을 제대로 위임하지 않고 시키는 일만 하게 합니다. 그러다 보니 스스로 결정할 기회 자체가 부족해집니다.

결단력 있는 리더로 키우려면, 실수의 가능성이 있더라도 스스로 결정할 수 있는 권한을 부여해야 합니다. 신임 임원에게 "당신이라면 어떻게 하겠습니까?"라는 질문을 반복해야 합니다. 그 자체가 문제 해결 능력을 기르는 과정이기 때문입니다. 좋은 아이디어라면 실제로 채택하고 칭찬과 격려를 해야 하며, 미흡하다면 조언과 피드백을 주는 것이 리더의 역할입니다.

업무를 빨리 실수 없이 처리한다는 명분으로 상사가 모든 결정을 내리고, 부하에게 시키는 일만 맡긴다면 결단력은 절대 자라지 않습니다. 이런 문화에서 성장한 사람들에게 '실수해도 괜찮다'라고 아무리 말해도 변하지 않습니다. 습관은 하루아침에 고쳐지지 않기 때문입니다. 그보다는 결정의 기회를 주고, 잘못되더라도 야단치지 말고 지도하는 방식이 훨씬 효과적입니다.

저 역시 결단력을 기를 수 있었던 시기는 적자 사업을 맡아 누구의 간섭도 받지 않고 모든 결정을 내렸던 시절이었습니다. 제가 적자 상태이던 삼성디스플레이 대표로 부임했을 때, 당시 회사의 주력은 대형 LCD 사업이었습니다. 그러나 LCD는 구조적으로 롱 사이클 산업이라고 판단했고, 미래 성장성이 제한적이라고 보았습니다. 반면 연구실 단계에 머물러 있던 모바일 OLED는 아직 시장은 형성되어 있지 않았지만, 가능성이 큰 쇼트 사이클 기술이었습니다.

결국 저는 대형 LCD 사업을 단계적으로 축소하고, 과감히 모바일향 OLED에 집중하자는 결정을 내렸습니다. 만약 잘못된 결정이었다면 기존 사업은 사라지고 신규 사업은 피어나지 못하는 최악의 상황에 빠질 수도 있었습니다. 다행히 연구원들의 도전과 제조기술팀의 집념이 더해져 빛을 보게 되었고, OLED는 이후 모든 프리미엄 스마트폰의 기본 기술이 되었습니다. 결단은 이렇게 배수의 진을 치고 내리는 것입니다.

적자 사업을 정리하는 일은 어렵지만, 그래도 상식적으로 이해되는 일이어서 팀원들을 설득할 수 있습니다. 그러나 흑자 사업을 정리하는 것은 훨씬 쉽지 않습니다. 이익이 나고 있는 상황에서는 구성원들을 설득하기가 더 어렵기 때문입니다. 저도 흑자를 내던 몇 개의 사업을 정리한 적이 있습니다. 이익은 나고 있었지만 매출은 매년 조금씩 줄고 있었고, 성장 전망이 보이지 않았습니다. 사업을 접겠다고 하자 팀장이 반발했습니다.

제가 물었습니다.

"앞으로 이 사업이 성장할 수 있다고 생각합니까?"

"그렇지는 않겠지만 이익은 계속 낼 수 있을 것 같습니다."

"성장이 멈춘 사업에서 어떻게 팀원들을 승진시킬 수 있을까요? 다른 부서로 간 동료들은 과장, 부장이 되는데, 이 팀의 직원들은 승진을 못 한다면 무슨 동기로 일할까요? 당신의 자식이 입사하면 이 부서에서 일하게 시키겠습니까?"

조직의 장기적 성장을 위해 저는 결국 미래가 불투명한 사업을 정리했습니다. 부하 직원들에게 성장의 기회를 제공하는 것 역시 리더의 의무라고 생각했기 때문입니다.

이러한 경험들이 제 리더십을 더욱 단단하게 만들었습니다. 따라서 향후 사업부 책임자나 CEO로 성장시킬 인재가 있다면, 반드시 신규 사업이나 적자 사업을 맡겨보는 것이 좋습니다. 스스로 결정을 내릴 수밖에 없는 환경이야말로 최고의 훈련이 됩니다. 실패 가능성이 있더라도, 그것을 인재를 위한 투자로 본다면 그 경험은 훨씬 더 큰 성장을 가져올 것입니다.

실행력, 리더의 실력을 증명하는 과정

훌륭한 통찰력과 결단력이 있어도 실행력이 뒤따르지 않는다면 헛일입니다. 통찰력과 결단력이 원석이라면, 실행력을 통해 보석으로 만들어집니다. '구슬이 서 말이라도 꿰어야 보배'라는 말처럼, 실행하지 않으면 아무 의미가 없겠지요. 실행력을 통해 리더의 실제 능력이 외부로 드러나고, 조직과 구성원 모두에게 직접적인 영향을 미치게 됩니다.

실행력을 제대로 발휘하려면 실력과 실전 경험이 있어야 합니다. 리더가 실력이 부족하면 조직원이 고통받고, 실전 경험이 없으면 조직원이 고생합니다. 고생은 시간이 지나면 보람이 될 수 있지만, 고통은 조직에 심각한 후유증을 남깁니다. 그 결과 보신주의(保身主義, 조직보다 나를 먼저 생각해 위험을 피하고 책임을 회피하는 태도)와 패배주의가 팽배하고, 유능한 인재는 떠나며 조직은 쇠락의 길로 들어서게 됩니다.

리더는 혼자서 모든 것을 관리하려는 만기친람萬機親覽의 자세를 버려야 합니다. 프로젝트의 목표, 일정, 지표 등 방향이 정해졌다면, 구체적인 수행 방법에 대해서는 담당 책임자에게 권한을 위임해야 합니다. 아무리 유능한 리더라도 모든 일을 다 알 수는 없습니다. 그런데도 불안하다고 모든 결정을 자신이 하려 들면, 그 조직의 미래는 없습니다.

실행에는 시행착오가 따릅니다. 실패했다고 해서 끝나는 것이 아닙니다. 중요한 것은 같은 실수를 반복하지 않는 것입니다. 또 자원을 과도하게 투입해서 간신히 성공하는 것도 경계해야 합니다. 역사상 많은 장군이 전쟁에서 큰 병력 손실을 감수하고 승리했지만, 그것은 실패보다 못한 성공입니다. 자기 군사를 다 잃고 이긴 전쟁은 아무 의미가 없습니다. 적절한 자원 투입으로 목표를 효율적으로 달성하는 것, 그것이 진정한 실행력입니다. 마지막으로 매달 간단한 점검을 통해 정보를 공유하고, 문제가 있는 부서는 서로 도와 신속히 해결할 수 있는 협력 체계를 구축해야 합니다.

실행은
계획으로 시작된다

실행력을 높이는 첫 번째 단계는 계획을 잘 세우는 것입니다. 추진하는 사업이나 프로젝트의 목적과 목표, 투입 자원, 일정은 물론 발생 가능성이 있는 리스크와 이에 대한 대응책도 함께 검토해야 합니다. 그리고 리더와 주요 임원들은 본 계획 외에도 최악의 경우를 대비한 플랜B도 준비하는 것이 좋습니다.

목표는 도전적이어야 하지만, 기한 내 실현 불가능한 계획을 무리하게 추진하거나 현실성이 없어서는 안 됩니다. 계획과 실현 사이의 괴리가 계속 생기면 구성원은 계획을 으레 하는 요식 행위로 간주하게 됩니다. 확정된 계획은 이해하기 쉽고 간단·명료해야 하며 simple&clear, 구성원들과 공유할 수 있어야 합니다. 목표가 애매하면 사람마다 해석이 달라지고, 달성 방법도 중구난방이 될 확률이 높습니다.

어떤 경영자는 사업 환경이 급변한다며 계획을 대충 세우고 상황에 따라 수시로 변경하기도 합니다. 순발력 있게 대응하는 것처럼 보이지만, 관련 부서와 협력업체는 필요한 자원을 즉시 준비하지 못하거나 낭비하는 불상사가 발생할 여지가 큽니다. 그 결과 관련 부서들은 같은 목표를 공유하지 못해 혼란에 빠지고, 계획의 신뢰성은 떨어지게 됩니다.

또한 담당자들은 계획을 세우는 과정에서 서로 토론하고 검토하는 훈련의 기회를 잃게 됩니다. 인재가 없다고 불평하면서 정작 키우지도 않는 셈입니다. 상황에 따라 계획을 변경하는 유연성은 필요하지만, 수립할 때는 심사숙고하고 신중하게 결정하는 습관이 중요합니다.

제2차 세계대전의 영웅인 미국 아이젠하워 대통령이 계획의 중요성을 강조한 말이 있습니다.

계획대로 이긴 전쟁은 없지만, 계획 없이 이긴 전쟁도 없다. 계획 자체는 별것 아니지만, 계획을 세우는 과정은 매우 중요하다.

No battle was ever won according to plan, but no battle was won without one. Plans are nothing, but planning is everything.

하지 않아도 될 일부터
정한다

실행력을 높이는 두 번째 단계는 수행할 적절한 방법이 있어야 합니다. 프로젝트를 시작하기 전에 리더는 하지 않아도 될 일을 먼저 작성해야 합니다. 《초격차》에서 언급한 '하지 말아야 할 일 목록not-to-do list'을 만들고 불필요한 사업이나 업무를 제거해야 시간과 공간을 효율적으로 사용할 수 있습니다.

'선택과 집중'은 사업이나 프로젝트뿐 아니라 개인의 업무에도 적용됩니다. 아무리 뛰어난 능력자라도 여러 가지 일을 동시에 완벽하게 해내기는 어렵습니다. 그래서 역할이 바뀌었을 때 가장 먼저 해야 할 일은 하지 말아야 할 일 목록을 정리하는 것입니다. 대부분의 사람은 해야 할 일은 쉽게 작성하지만, 하지 말아야 할 일을 적으라고 하면 어려워합니다.

사실 여러 업무 중에서 어떤 일을 선택할지 결정하는 것은 결코 쉽지 않습니다. 모든 일에는 나름의 목적이 있기 때문입니다. 물론 조직에서 자신이 좋아하는 일만 할 수는 없지만, 그중에서도 가치가 낮거나 의미 없는 일은 과감하게 버리는 연습이 필요합니다. 시간적·정신적 여유를 만들어야 더 가치 있는 일을 할 수 있습니다.

리더는 '꼭 해야 할 일'에만 집중해야 합니다. 하지만 많은 사람이 여전히 '해야 할 일to-do list'에만 집중합니다. 직위가 높아질수록 버릴 줄 알아야 합니다. 그런데 왜 사람들은 일을 버리지 못할까요? 이사를 해본 사람은 압니다. 짐을 줄이지 않으면 새로운 공간을 확보할 수 없습니다. 생각할 여유를 가지려면 먼저 비워야 합니다. 일상적으로 반복되는 가치 없는 일까지 굳이 스스로 할 필요는 없습니다. 회장도 청소할 수는 있지만, 그것은 회장이라는 위치에서 해야 할 일이 아닙니다. 내가 할 수 있다고 해서 다 하는 것이 아니라, 내 위치에서 해야 할 일을 구분할 줄 알아야 합니다. 내가 하지 않아도 되는 일, 남이 대신할 수 있는 일을 명확히 구분해야 합니다.

시간도 인재도 유한한 자원입니다. 이 한정된 자원을 효율적으로 쓰려면 '무엇을 할 것인가'만큼이나 '무엇을 하지 않을 것인가'를 정하는 능력이 중요합니다. 자기 직위에 맞지 않는 일을 어쩌다 한두 번 하는 것은 괜찮지만, 그것이 관행이 된다면 능력이 없는 것입니다. '군군신신君君臣臣'이라는 말이 있습니다. 회장은 회장답게, 직원은 직원답게 일해야 조직이 잘 돌아갑니다. 결국 하루 24시간을 어떻게 활용하느냐에 따라 결과는 천차만별입니다.

업무의 우선순위를 정해야
전체 최적화가 된다

몸을 가볍게 해야 중요한 프로젝트의 진행을 빠르고 바르게 할 수 있습니다. 그렇지 않으면 성과도 나오지 않는 일에 자원을 낭비하게 되면서 정작 필요한 일을 못하게 됩니다. 그동안 진행했던 프로젝트에 쏟은 자원과 노력이 아깝다고 계속 진행하는 잘못을 하지 말고, 매몰비용sunk cost으로 처리하는 용기가 있어야 합니다. 특히 오너를 비롯한 최고경영자가 주도하는 프로젝트는 문제가 있어도 포기하지 못하는 경우가 많습니다. 누구도 최고 권력자에게 도전하고 싶지 않기 때문이지요. 모든 것을 잘할 수는 없고, 최고의 효과를 위해서는 선택과 집중을 해야 합니다.

물론 제거하기 전에 원칙을 세워놓고 정리해야지, 리더가 자기 멋대로 해서는 안 됩니다. 저는 적자 사업부를 맡을 때 항상 '파레토 법칙(pareto principle, 20%의 인풋이 80% 아웃풋을 만든다는 개념)'을 기본 원칙으로 삼았습니다. 그렇게 해서 실적에 큰 영향을 받은 적은 거의 없습니다. 제가 경험했던 적자 사업부는 직원들이 일을 못해서가 아니라 일이 너무 많아서 우선적으로 해야 할 일에 집중하지 못했기 때문입니다. 많은 일을 동시에 하려는 리더 중에서 업무 성

     다시, 초격차

과가 좋은 사람은 보기가 힘들었습니다. 이제는 양보다 질이 중요합니다.

회사는 한 가지 사업이나 프로젝트만 수행하지 않을 겁니다. 이런 상황에서 리더는 우선순위priority를 정해주어야 합니다. 자식에게 공부도 운동도 예술도 모두 잘하라고 요구하면 어떻게 될까요? 아마 어느 것도 잘하지 못하거나 부모와 자식 간 갈등만 생길지도 모릅니다. 회사도 인재와 재원에 한계가 있기 때문에 모든 사업이나 프로젝트를 동시에 수행할 수 없는 경우가 대부분입니다. 그럼에도 모두 잘하라고 명령하면 부서별로 생각하는 중요도·관심도가 달라 갈등이 생기거나 진행에 차질이 발생할 확률이 높습니다.

리더가 개발 부서에는 "빨리 개발해라.", 영업팀에게는 "많이 판매해라.", 생산 부서에는 "많이 생산해라."라고 지시하면 각각만 보아서는 잘못된 것이 없지만, 달성하더라도 반드시 회사 실적으로 연결되지 않을 수도 있습니다. 각자 지시받은 임무를 완수하면 팀 최적화는 달성되겠지만, 회사 최적화에는 이르지 못합니다.

노력에 비해 실적이 기대에 못 미치는 경우가 많은 이유도 여기에 있습니다. 선수들이 모두 열심히 뛰었는데도 골을 넣지 못하면 아무 소용이 없는 것과 같습니다. 따라서 **리더는 부분 최적화가 아니라 전체 최적화를 위해 각 사업의 우선순위를 정하고, 그 결과**

에 책임지는 자세를 보여야 합니다. 조직 전체가 1-1-2-3 순위처럼 공동 1위가 있는 것이 아니라 1-2-3-4 순위가 되어야 합니다.

리더는 확정된 프로젝트를 수행하기 위해서는 필요한 업무가 수치화된 지표를 설정해야 합니다. 지표는 측정할 수 있고, 추적도 가능해야 합니다 measurable&traceable. 측정과 추적이 어려우면 구성원들은 감感과 임기응변에 의존하게 되고, 기술과 데이터는 축적되지 않습니다. 다음 프로젝트는 물론 회사의 장기 발전에도 도움이 되지 않습니다.

임원 MBO에는 '구축'이라는 항목이 자주 등장합니다. 그러나 '생산 효율화를 위한 시스템 구축'처럼 수치가 없는 목표는 그저 구호에 불과합니다. 구축의 결과로 생산량이 30% 증가하거나 생산 시간이 30% 단축되거나 인력이 30% 감소하는 식의 수치화된 성과가 반드시 포함되어야 합니다.

시장 상황에 따라 지표는 달라져야 합니다. 생산자 주도의 시장seller's market에서는 생산량이 핵심 지표가 됩니다. 반면 소비자 주도의 시장buyer's market에서는 성능과 가격 경쟁력이 지표의 중심이 되어야 합니다. 제가 반도체 사업을 맡았을 때도 처음에는 수율과 TAT(Turn-Around Time, 생산 소요 시간)를 핵심 지표로 삼았다가, 목표 수준을 넘어선 후에는 장비 가동률로 지표를 변경했습니다. **관행적인 지표만으로는 더는 성과를 낼 수 없습니다. 상황에 따라 지표 선정은 달라져야 합니다.**

지표를 잘못 설정하면 아무리 노력해도 결과가 신통치 않습니다. 일상에서 흔히 보는 다이어트가 대표적입니다. 많은 분이 다양한 방법을 시도하지만 성공 확률은 높지 않습니다. 대부분 '체중 감소'만을 지표로 삼기 때문입니다. 몇 킬로그램 줄었다고 좋아하지만 곧 '요요 현상'이 찾아오고, 결국 제자리로 돌아옵니다. 정작 중요한 지표는 '체지방 감소'와 '근육 증가'인데도, 측정이 어렵다는 이유로 단순히 체중을 지표로 삼는 잘못을 반복합니다.

기업도 같은 실수를 합니다. 경영 상황이 어려워지면 가장 먼저 모든 부서에 '10% 경비 절감'을 지시합니다. 다이어트에서 체중만 줄이는 목표를 세우는 것과 다르지 않습니다. 단기간에는 비용이 줄어드는 것처럼 보이지만, 미래 투자가 함께 줄면서 부작용이 생깁니다. 경비 절감의 본질은 낭비 요소(체지방)는 줄이고, 미래 투자(근육)는 늘리는 것입니다. 이를 구분하지 못하면 경기가 좋아져도 실적이 나아지지 않는, 전형적인 요요 현상이 발생합니다.

몇 년 전 정부의 국가 R&D 예산 축소 사태도 같은 맥락입니다. 앞서 말했듯이 R&D 제도 전반에 문제가 있었던 것은 사실이지만, 충분한 검토 없이 예산을 일괄 삭감하면서 더 큰 혼란이 생겼습니다. 무엇이 '지방'이고 무엇이 '근육'인지 구분하지 못한 채 모두 줄여버린 것입니다. 지방을 줄이고 근육을 키우는 지표를 세울 때 비로소 효과가 납니다. 그리고 그 지방과 근육을 구분해내는 것, 그것이 바로 리더의 실력입니다.

지표 관리에서 또 하나 중요한 것은 기한due입니다. 학교에 숙제를 제때 제출하지 않으면 감점을 받는 것처럼, 회사의 모든 업무에는 기한이 반드시 있어야 합니다. 한 부서의 일정이 늦어지면 전체 일정이 연쇄적으로 영향을 받기 때문입니다. 프로젝트를 진행하다 보면 두 가지 옵션을 일정 기간 병행하다가 하나를 선택해야 하는 경우가 생깁니다. 그럴 때 어느 한쪽이 뚜렷하게 우세하지 않으면, 결국 아무 결정도 못 한 채 일정만 늘어지는 일이 잦습니다. 그래서 시작 단계에서 '언제까지 반드시 결정한다'라는 원칙을 세우고 실제로 실행해야 합니다. 그렇지 않으면 담당자 간 갈등만 커지고, 프로젝트도 진척되지 않습니다.

적자 사업을
어떻게 흑자로 만들까?

적자 회사를 맡게 되었다면 무엇부터 해야 할까요? 적자 회사를 맡으면 대부분의 리더는 실적이 나빠진 원인부터 찾기 시작합니다. 전임자의 판단 실수인지, 개발 문제인지, 생산 문제인지, 품질 문제인지, 투자가 잘못된 것인지 등을 따져봅니다. 사실 다양한 요인들이 상호 작용을 했기 때문에 분석하기가 어렵습니다. 이런 방법으로 해결책을 찾으려면 시간이 걸립니다. 그리고 분석 과정에서 부서 간에 책임 전가가 생기면서 갈등만 커질 수도 있습니다. 문제를 상당히 어렵게 푸는 셈이지요.

적자 회사라는 것은 사람으로 비유하면 응급 환자입니다. 이리저리 분석할 시간이 없습니다. 응급조치를 취해 목숨을 살리는 것이 최우선입니다. 그래서 저는 단순하게 아웃풋부터 먼저 봅니다. 회사의 아웃풋, 즉 실적이 나쁘다는 것은 판매하는 제품이나 서비스 자체에 문제가 있다는 뜻입니다. 제 경험상 적자 회사의 공통적인 특징은 하는 일이 너무 많다는 것입니다. 저는 석 달 이내에 제품, 서비스, 프로젝트를 대폭 줄입니다. 절반을 줄이기도 하고, 어떤 경우에는 3분의 2까지 과감히 정리합니다. 앞서 언급한 '파레토 법칙'을 생각해 보면 됩니다. 출판업으로 치자면 베스트셀러 상위 20%의 책이 전체 매출의 80%를 차지하는 것과 같습니다. 다 아는 원칙인데 막상 사업에 적용하려고 하면 두려운 겁니다. 물론 필요한 경우에는 고객과 반드시 협의해야 합니다.

그렇게 정리한다고 하면 영업 직원들이 "사장님, 그러면 매출이 20~30% 빠집니다."라고 말합니다. 숫자상으로는 맞는 말입니다. 하지만 저는 매출이 줄어도 괜찮다고 말합니다. 이게 많은 리더가 넘지 못하는 벽입니다. 실적을 개선해야 하는데 매출이 늘기는커녕 도리어 줄었다는 것을 받아들이지 못하는 것이지요. 이런저런 방법을 동원해 보지만 결과는 빨리 개선되지 않습니다. 매출 감소를 감수하고 이익을 내기 위한 구조 개편이 먼저입니다. 제품을 대폭 줄이면 매출이 줄어들 것 같지만, 꼭 그렇지 않습니다. 오히려 적자를 흑자로 반전시킬 수 있습니다.

영업 직원에게 물어봅니다.

"A라는 제품, 누구에게 팔고 있죠?"

"B사입니다."

"B사에서 우리 제품의 점유율은 어떻게 되나요?"

"약 10% 됩니다."

"왜 점유율이 10%밖에 안 되지요? 20%를 못 하는 이유는 무엇이지요?”

영업사원들은 이런저런 이유를 댑니다.

“가격 경쟁력이 없어서요.”

“품질이 다소 떨어져서요.”

그러면 관련 부서 책임자에게 사실 여부를 확인하고, 개선하기 위한 투자와 인력 배치 등 필요한 조치를 해줍니다. 그리고 담당자에게 조기에 해결하도록 지시하면 보통 2~3개월 안에 해냅니다. 영업팀에게는 “3개월 후부터는 당신이 책임지고 점유율을 20%로 올리세요.”라고 지시합니다.

이렇게 제품을 정리하고, 책임을 부여하고, 단순화하면 매출은 줄지 않습니다. 생산성은 향상되고, 재고도 줄고, 개발 효율도 개선되면서 오히려 이익률이 좋아집니다. 그렇게 해서 1년이면 흑자로 전환됩니다. 마법이 아니라 기본에 충실한 전략입니다. 제가 항상 직원들에게 하는 말입니다. “시험에 나올 부분을 집중적으로 공부하지, 왜 쓸데없는 부분까지 공부합니까?”

비유하면 식당과 같습니다. 메뉴가 10~20개 있으면 재료 관리가 안 되고 음식의 질도 떨어집니다. 곰탕 한 가지에만 집중하면 정말 맛있어집니다. 메뉴가 단출하니 재고 회전율도 빠르고 신선한 재료를 쓸 수 있어 품질도 좋아지고, 배달도 빨라지니 고객 만족도가 올라갑니다. 단골손님이 생기고 더 자주 오게 됩니다. 뜨내기 손님 열 명에게 열 그릇 파는 것보다 단골손님에게 열 그릇 파는 게 더 낫지요. 그게 훨씬 효율적인 구조가 됩니다. 회사라고 다르게 보지 마세요. 결국 사업도 똑같습니다. 맛있는 곰탕 하나만 제대로 하면 됩니다. 그게 바로 선택과 집중의 힘입니다.

이렇게 부실 정리를 하고 흑자로 전환된 순간 모든 게 끝나는 것은 아닙니다. 응급조치를 마쳤다면 이제는 본격적으로 '정상 상태'로 가기 위한 재활 단계에 들어가야 합니다. 먼저 적자를 낸 원인이 무엇인지 사후 분석post mortem을 통해 정확히 파악하고, 같은 실수가 반복되지 않도록 재발 방지책을 세워야 합니다. 동시에 앞으로 더 성장할 기회도 준비해야 합니다. 이를 위해서는 조직 개편, 업무 방식 개선, 신제품·신사업 준비 등 획기적인 조치가 반드시 뒤따라야 합니다.

이런 특별한 조치 없이 단순히 시황 개선으로 실적이 회복되면, 많은 리더는 그 회복을 자기 실력으로 착각합니다. 그래서 갑작스러운 반등 뒤에 다시 추락하고, 결국 서서히 쇠퇴의 길에 들어서는 사례를 많이 보았습니다.

그 모습이 꼭 번지 점프와 같습니다. 번지 점프는 낙하 후 저점에서 빠르게 반등하지만, 결코 원래 높이까지는 올라가지 못합니다. 적자 기업도 마찬가지입니다. 저점을 찍고 반등하면 원래 위치로 돌아갈 것처럼 보이지만, 앞서 말한 '특별한 조치'를 하지 않는다면 오르내림을 반복하다 결국 번지 점프처럼 바닥을 향해 다시 내려가게 됩니다. 설령 과거 수준까지 회복되었다고 해도, 그동안 꾸준히 성장해온 경쟁사와의 격차는 이미 크게 벌어져 있을 가능성이 높습니다.

조직도 인체와 같습니다. 응급치료만으로는 일시적 회복에 불과합니다. 정상으로 돌아오고, 더 건강해지기 위해서는 반드시 운동과 같은 특별한 조치가 필요합니다.

지속력,
리더와 제도의 합작품

조직이 지속력을 갖추려면 무엇보다 리더를 잘 길러내는 일이 중요합니다. 미래를 이끌 리더를 만들기 위해서는 장기적 관점에서 인재를 꾸준히 육성해야 합니다. 가정에서 가장이 자녀 교육에 투자하는 것과 같은 이치입니다.

하지만 현실은 다릅니다. 미래에 어떤 효과가 있을지 불확실하다는 이유로, 당장 필요한 최소한의 교육만 시키는 경우가 대부분입니다. "예산이 부족하다.", "지금 당장 쓸 사람도 없다."라는 핑계로 미래 인재 육성은 늘 후순위로 밀립니다. 드물게 소수 인력을 선발해 유학이나 연수를 보내기도 하지만, 이것 역시 단기간 효과만 노린 제도일 때가 많습니다.

1993년 이건희 회장이 신경영을 선언하며 도입한 '지역 전문가 제도'는 이런 관행과 대비되는 획기적인 인재 육성 프로그램이었습니다. 대리·과장급 인력을 매년 수백 명씩 선발해 해외에 파견하는 제도입니다. 일반적인 해외 파견이 분명한 목적과 임무를 부여받는 것과 달리, 지역 전문가는 정반대였습니다. 지정된 국가에 1~2년 머물며 스스로 계획을 세우고 지내는 방식이었습니다. 공부하든, 여행하든, 현지 회사에서 일하든 제약이 없었습니다. 목표는 단 하나, 그 나라의 전문가가 되는 것이었습니다.

당시 삼성그룹도 재정이 넉넉하지 않았고 내부 반대도 컸지만, 이 회장은 미래를 보고 과감히 추진했습니다. 그렇게 매년 인재를 보내다 보니 10여 년 뒤에는 수천 명의 지역 전문가가 양성되었고, 이들이 훗날 각국의 주재원과 핵심 인력이 되어 해외 시장 개척에 큰 역할을 했습니다. 리더는 이렇게 미래를 위해 인재를 키울 혜안이 있어야 합니다.

조직은 어떻게
다음 세대를 준비하나?

우리나라에 장수 기업이 많지 않은 이유는 산업화 역사가 짧기 때문이기도 하지만, 기업의 평균 수명 자체가 점점 단축되고 있기 때문입니다. 1950년대에는 75년이었던 기업의 평균 수명이 지금은 15년까지 줄었다는 통계도 있습니다. 전 세계적으로도 마찬가지입니다. 2000년에 존재했던 상장기업의 절반이 2020년에는 사라졌습니다. 생존에는 성공했지만, 지속 성장에는 실패한 셈입니다.

가정에 비유하면, 부모 세대는 잘살았는데 자식 세대가 오히려 가난하게 되었다면 과연 성공적인 가정일까요? 조직도 똑같습니다. 생존은 중요하지만, 그보다 더 중요한 것은 지속적인 성장입니다. 부모 세대도 잘살고, 자식 세대도 잘살 수 있어야 건강한 가정이라 할 수 있습니다.

조직의 생존과 성장 과정에서 리더의 역할은 절대적입니다. 국가에서는 대통령이, 기업에서는 최고경영자가, 가정에서는 가장이 그 위치에 있습니다. 이들은 현재의 생존을 책임지는 동시에 미래 성장을 위한 기반을 마련해야 합니다. 통찰력, 결단력, 실행력은 현재의 생존을 위한 능력입니다. 그러나 미래를 위한 준비는 후계자를 키우는 일에서 시작됩니다. 이들이 성장할 수 있도록 문화와 제도를 만드는 것이야말로 지속력의 핵심입니다.

훌륭한 리더라면 미래에 필요한 인재를 육성하고 시스템을 만들겠지만, 일부 리더는 자신이 재임하는 동안의 실적만을 높이는 데 관심이 있습니다. 말로는 후계자 육성을 강조하지만 실제로는 후배를 견제하고, 자기 임기 중 성과만 극대화하려는 경향이 강합니다. 이것이야말로 최악의 리더가 보여주는 전형적인 모습입니다.

리더는 임기가 있고, 변화하는 환경 속에서 언제나 최선의 결정을 내릴 수 있다는 보장이 없습니다. 그렇다면 유능한 인재를 육성하기 위해서는 리더 개인의 성향에 의존하지 않고, 제도적으로 인재를 키우는 시스템이 갖춰져야 합니다. 안타깝게도 아직 우리 기업들은 새로운 시대에 맞는 인재 육성 제도를 제대로 마련하지 못했습니다.

1980년대 GE는 잭 웰치의 리더십 아래 세계 최고 기업으로 도약했습니다. 뉴욕 크로톤빌에 위치한 리더십 연수원은 전 세계 기업들의 벤치마킹 대상이었지요. 하지만 21세기에 들어서면서 쇠퇴의 길을 걸었고, 결국 100년 넘게 편입되어온 다우존스 지수 구성 종목에서 제외되었습니다. 시대 변화에 맞는 제도와 인재 육성 방식을 만들지 못한 결과입니다.

역사상 가장 성공한 리더는
누구일까?

인류 역사상 가장 성공한 리더는 누구일까요? 알렉산더 대왕, 칭기즈칸, 나폴레옹 같은 정복자들일까요? 아니면 카네기나 록펠러 같은 부호들일까요?

저는 예수, 석가, 공자 같은 성인聖人을 꼽고 싶습니다. 그들은 약 2,000년 전 각기 다른 지역에서 사상을 세웠고, 그 가르침은 오늘날까지도 전 세계 사람들에게 영향을 미치고 있습니다. 이 세 분은 직접 책을 쓰지 않았지만, 그들의 사상이 지금까지 이어질 수 있었던 이유는 제자들이 배우고, 정리하고, 전파했기 때문입니다.

그들은 제자를 잘 키웠습니다. 저는 이것이 리더가 만든 지속력의 본보기라고 생각합니다. 신약성경 요한복음에 나오는 "한 알의 밀이 땅에 떨어져 죽지 아니하면 한 알 그대로 있고, 죽으면 많은 열매를 맺느니라."라는 구절은 조직 리더십에도 그대로 적용됩니다. 자신은 떠나더라도 그 조직이 살아남고 번성하게 만드는 것, 그것이 진정한 리더의 책임이고 능력입니다.

따라서 훌륭한 조직을 만들고 싶다면, 우선 훌륭한 인재를 길러야 합니다. 그리고 그들이 자랄 수 있는 문화를 만들어야 합니다.

대기업, 중견기업, 스타트업의 책임자들을 만나면 하나같이 쓸 만한 사람이 없다고 아우성칩니다. 갑자기 유능한 인재가 사라진 걸까요? 중소기업의 경우 인재가 부족한 것은 사실이지만, 대기업에서 그런 말이 나오는 것은 다른 문제입니다.

제가 보기에 중소기업은 '인재 부족lack of talent' 문제를 겪고 있지만, 대기업은 '인재 활용의 부족lack of talent utilization'이라는 다른 문제를 안고 있습니다. 잠재력 있는 인재는 많지만, 인재를 발굴하고 육성하는 방법이 여전히 카피 시대에 머물러 있기 때문입니다. 인재가 부족해 보여도 찾으면 있습니다. 누구나 원하는 '다이아몬드' 같은 인재가 없다고 불평하고 핑계를 대서는 안 됩니다. '옥' 같은 인재는 어느 조직에나 있습니다. 히딩크 감독은 세계적인 스타 플레이어가 없어도 월드컵 4강의 신화를 만들어냈습니다.

씨앗을 뿌리고 물과 거름을 주어야 열매가 열리듯, 조직도 마찬가지입니다. 새로운 환경에 대응할 수 있는 제도를 만들고, 그에 따라 인재를 발굴하고 육성하는 것이 지속력의 기본입니다.

훌륭한 리더의 조건

좋은 리더가 되려면 어떻게 해야 하느냐는 질문을 자주 받습니다. 가정에서 좋은 가장이 되는 것과 같다고 답합니다. 집에서 부모가 자식의 미래를 위해 노력하는 모습을 보이면, 자식은 '우리 부모가 우리를 위해 애쓰고 계시는구나'라고 느끼면서 자연스럽게 '나도 더 열심히 해서 보답해야겠다'라는 마음이 생깁니다. 반대로 부모가 아무런 도움도 주지 않으면서 공부하라고만 하면 누가 따르겠습니까? 회사도 똑같습니다. 부하들은 상사의 말보다 행동을 보고 판단합니다.

제가 사장이 된 뒤 신규 사업에 투자를 많이 했습니다. 어느 날

사원 대표단과 면담을 했는데, 사장이 투자를 너무 많이 해 연말 보너스가 줄어든다는 불만을 털어놓았습니다. 투자를 줄이고 이익이 더 나면, 사장인 내가 더 위상이 좋아질 텐데 왜 그랬겠냐고 반문하며 말했습니다. "이 회사에 앞으로 훨씬 오래 다닐 사람은 여러분이고, 저는 몇 년 안에 나갑니다. 이건 여러분의 미래를 위한 투자입니다." 시간이 지나 사업 성과가 나오자, 사원들도 제 말을 이해하기 시작했습니다. '투자한다고 당장 사장님에게 직접 돌아가는 이익은 없을 텐데, 결국 우리를 위한 일이었구나.' 그렇게 생각하면 '보답해야겠다'라는 마음이 생깁니다. 진심이 통하면 구성원도 움직입니다.

문제는 최고 책임자가 단기 실적만 닦달하기 시작할 때입니다. 위에서 "왜 이익이 이것밖에 안 나냐?"라고 탓하기 시작하면, 직원들도 그 요구에 맞춰 움직입니다. 평가자가 올해 실적만을 강조하면 실무자도 '올해 실적만 끌어올려 보너스를 받고 끝내자'라는 생각만 하고, 결국 미래를 위한 투자가 사라집니다. 리더에게 필요한 건 멀리 내다보는 안목입니다. 올해 이익이 줄더라도 5년 뒤 훨씬 커질 것이라는 비전을 설명할 수 있어야 합니다. 설득을 위해서는 자료도 준비하고 공부도 해야 합니다. 그렇지 않으면 조금만 어려워도 쉽게 포기하게 됩니다. 새로운 사업을 하려면 리더의 용기와 끈기가 필요합니다.

이건희 회장의 경영 방식은 일반 상사와 전혀 달랐습니다. 매출과 이익 보고는 받으셨지만, 구체적인 경영 목표를 지시한 적은 단 한 번도 없었습니다. 다만 적자를 내는 것을 '죄악'이라고 말씀하셨습니다. 적자는 경영자의 잘못이라고 생각하신 겁니다. 사고 자체가 늘 미래를 향하고 있었습니다. 질문도 항상 미래를 향했습니다.

"앞으로 5~10년 후에는 어떻게 변할까?"

"어떤 산업이 유망할까?"

회장의 이런 질문에 "모르겠습니다."라고 대답할 수 없으니, 경영자는 늘 공부하는 자세로 미래를 생각할 수밖에 없습니다.

"왜 그렇게 보는가?", "그걸 하려면 우리가 준비해야 할 건 무엇인가?", "그 사업을 할 사람은 있는가? 없다면 어떻게 키울 것인가?" 같은 질문이 계속 이어졌습니다. 이렇게 '왜'를 반복하며 경영자에게 미래를 생각하게 하신 겁니다.

가정도 같습니다. "앞으로 우리 자식이 어떻게 될지 모르니 지금 번 돈으로 잘 먹고 잘 쓰자."라고 말하는 부모는 없습니다. 누구나 자식이 자신보다 더 잘되기를 바라니 투자하는 겁니다. 잘된다는 보장이 없어도 투자합니다. 가정에서는 그렇게 하면서 왜 회사에서는 하지 않을까요? 논리는 똑같습니다.

'좋은 사람'이 아니라
'적합한 사람'을 찾아야 한다

중소·중견기업 회장님이나 스타트업 창업자들이 제게 자주 요청하는 말이 있습니다.

"좋은 사람 좀 소개해 주십시오."

아마 제가 대기업 대표를 지냈던 이력을 보고, 퇴직자 중에서 괜찮은 사람을 추천해 달라는 뜻이겠지요. 그럴 때마다 저는 되묻습니다.

"회장님이 생각하는 좋은 인재는 어떤 사람입니까?"

그런데 이 질문에는 대부분 선뜻 답하지 못합니다. 유능한 인재라는 것은 절대적인 기준으로 정의할 수 없습니다. 유능함은 조직의 상황과 필요에 따라 달라집니다. 예를 들어 노벨상 수상자를 모셔 온다고 해서 그분이 우리 회사에 꼭 맞는 인재일까요? 아닙니다. 대기업 임원 출신, 명문대 MBA 학위자라고 우리 회사에 좋은 인재일까요? 그건 전혀 다른 문제입니다. 우리 사회는 스펙 위주로 사람을 평가하는 경향이 있습니다. 똑똑해 보이니까 어떤 일이든 잘할 거라 단정하지만, 그건 굉장히 위험한 사고방식입니다.

좋은 인재인지 아닌지는 '어디에 쓸 것인가'에 따라 달라집니다. 축구팀에는 축구선수가 필요하고, 야구팀에는 야구선수가 필요합니다. 수비가 약하면 수비수를, 공격이 부족하면 스트라이커를 영입해야 합니다. 세계적인 축구선수 메시는 축구팀에서는 탁월한 인재지만, 야구팀이라면 전혀 맞지 않습니다.

기본 방향도 없이 그저 '좋은 사람'만 찾으면 아무짝에도 쓸모가 없습니다. 회사도 마찬가지입니다. 중요한 것은 방향입니다. 조직이 어디로 가고자 하는지, 그 목표를 달성하기 위해 어떤 사람이 필요한지를 먼저 정의해야 합니다. 그래야 사람을 제대로 쓸 수 있습니다. 조직에 필요한 것은 '좋은 사람'이 아니라 우리에게 '맞는 사람'입니다. 그리고 그 사람을 알아보고 쓰는 일, 그것이 바로 리더가 해야 할 가장 중요한 일입니다.

시대에 따라 '유능한 인재'의 정의는 달라져왔습니다. 한국전쟁 이후 폐허에서 다시 시작하던 시절에는 근면하고 성실한 사람이 유능한 인재였습니다. 몸으로 버텨내고, 주어진 일을 묵묵히 해내는 사람이 필요했습니다.

1980~90년대에 들어서 공장이 세워지고, 우리나라가 중진국 대열에 오르면서 상황이 달라졌습니다. 이 시기의 유능한 인재는 지식이 많은 사람이었습니다. 명문대 출신이 원하는 기업을 골라 입사하던 시절이었죠. 당시의 이상적인 인재상은 문제를 빠르

게 해결하는 '인간 AI' 같은 사람이었습니다. 묻는 말에 척척 대답하고, 일을 맡기면 실수 없이 완벽하게 처리하는 사람 말이지요. 경쟁이 치열했던 시절이었기에 수단과 방법을 가리지 않고 이기는 사람이 유능하다고 여겨졌습니다. 밤낮없이 일하면서 성과를 내는 것이 곧 능력이었습니다. 그런 방식으로 성장한 조직문화는 지금도 여러 곳에 남아 있습니다.

하지만 지금은 시대가 완전히 달라졌습니다. 4차 산업혁명과 AI 시대로 대표되는 오늘의 환경에서는 과거의 방식이 더는 통하지 않습니다. 한국이 국제사회의 주요 경제 강국으로 성장한 만큼, 이제는 견제도 많아졌습니다. 예전처럼 다른 나라의 기술을 카피하거나 벤치마킹하는 식으로는 경쟁력을 유지할 수 없습니다. 경쟁국들은 더는 그런 방식을 용납하지 않습니다. 철저히 응징하고, 치열하게 방어합니다.

앞으로는 예측할 수 없는 상황이 계속 닥쳐올 것입니다. 이런 시대에 필요한 인재는 남들이 해온 일을 반복하는 사람이 아닙니다. **남들이 하지 않은 일을 해내는 사람, 바로 그런 사람이 진짜 유능한 인재입니다.**

절대 쓰면 안 되는 사람부터 소거하라

그렇다면 좋은 인재는 어떻게 선발할 수 있을까요? 쉽지 않습니다. 겉으로는 스펙도 훌륭하고 인성도 좋아 보이지만, 막상 조직 안에서 함께 일해 보면 전혀 다른 모습을 보이는 경우가 많습니다. 그래서 저는 인재를 선발할 때 '확실히 좋은 사람'을 찾기보다 우선 '절대 쓰면 안 되는 사람'을 먼저 걸러내는 방식을 추천합니다.

시험을 볼 때도 확실히 틀린 답안을 먼저 지워 나가면 정답을 맞힐 확률이 높아집니다. 이사할 때도 가져갈 물건을 고르기보다 버릴 물건을 먼저 정하지 않습니까? 조직도 같습니다. 쓸모없는 것을 먼저 버려야 비로소 선택지가 명확해집니다. 특히 적합하지 않은 사람을 리더로 임명하면 조직은 반드시 어려움에 직면합니다. '그런 사람인 줄 몰랐다'라고 후회해도 이미 엎질러진 물입니다. 인사를 단행하는 사람들이라면 아래의 요소들을 유심히 살펴봐야 합니다.

첫째, 경청하지 않는 사람은 반드시 피해야 합니다. 남의 말을 듣지 않고 언제나 자신이 옳다고 주장하는 사람, 모든 것을 다 안다고 말하는 사람은 겉으로는 자신감 있어 보이지만 실상은 독단적이고 오만합니다. 이런 태도는 부하들의 언로를 차단하게 되고, 결국 조직에 큰 사고를 일으킵니다.

둘째, 부정적이고 소극적인 태도를 가진 사람도 좋지 않습니다. 무슨 말을 해도 "그게 되겠어?", "위험하지 않나?"라고 말하며 늘 부정적인 반응을 보이는 사람입니다. 이런 태도는 조직 내에 불안과 회의懷疑를 퍼뜨립니다. 부정적인 에너지는 전염성이 강해, 결국 조직 전체를 침체시킵니다.

셋째, 뒤에서 다른 말을 하는 사람, 이른바 '뒷담화형'도 위험합니다. 회의 자리에서는 아무 말도 하지 않다가 결정이 내려진 후에는 밖에서 불만을 이야기합니다. 자신의 의견을 공식적인 자리에서 말하지 않고, 결정 이후에 불평만 늘어놓는 사람은 조직문화를 해칩니다.

넷째, 조직 내에서 자기 패거리를 만드는 사람도 피해야 합니다. 학연·지연을 이용해 내부 정치 그룹을 만들고, 특정 인물만 편애하며 나머지를 소외시키는 태도입니다. 이런 사람은 조직의 공정성과 신뢰를 무너뜨립니다.

다섯째, 현 직책을 징검다리stepping stone로만 여기는 사람도 있습니다. 지금 하는 일에는 위험을 감수하지 않으려 하면서 다음 승진을 위한 실적 쌓기에만 집중합니다. 실수를 두려워해 새로운 시도를 피하고, 현재의 자리를 단지 스펙 관리용으로만 생각합니다. 이런 사람은 현재에 대한 책임감이 없고, 미래도 맡길 수 없습니다.

여섯째, 과대 포장형 인재도 피해야 합니다. 이들은 자신이 맡은 사업이 잘되면 온전히 자기 공으로 포장하고, 조직의 지속 가능성에는 관심이 없습니다. 단기 실적을 위해 제품을 무리하게 밀어내고, 장기 투자는 소홀히 합니다. 이런 사람은 겉으로는 유능해 보이지만, 결국 조직의 미래에 큰 문제를 남깁니다.

이런 유형들을 과감히 제외하고 나면, 비로소 조직에 맞는 '좋은 인재'를 선별할 수 있는 범위가 좁혀집니다. 즉, 명확히 문제가 있는 사람을 먼저 걸어낸 후에 가능성 있는 사람을 찾는 방식이 훨씬 효율적입니다.

리더가 일하는 방식

스타트업을 하는 사람들을 보면 이런 경우가 많습니다. 창업 초창기에는 일할 사람이 부족하니 직급에 상관없이 잡일이라도 모두 함께 해야 합니다. 그게 스타트업의 당연한 문화라고 착각하기 쉽지만, 조직이 성장한 후에도 같은 방식으로 일한다면 그것은 효율적인 것이 아니라 낭비가 됩니다. 리더는 자신의 시간을 더 부가가치를 낼 수 있는 일에 집중해야 합니다. 필요하면 업무를 돕는 비서도 운전을 맡은 기사도 있어야 합니다. 이런 자원을 활용해 자신의 시간을 더 큰 가치로 만들 수 있는 일에 활용해야 합니다.

핵심은 시간의 부가가치를 어떻게 정의하느냐 하는 것입니다.

시간도 능력도 모두 제한되어 있습니다. 따라서 지위가 바뀌면 역할과 신경 써야 할 범위도 달라져야 합니다. 모든 일을 잘할 수는 없습니다. 중요한 일에 집중하려면 불필요한 일을 덜어내야 합니다. 그래야 새로운 일을 할 수 있는 여유가 생깁니다. 집 안이 물건들로 이미 가득 차 있는데 새로운 물건을 들여놓을 수는 없습니다. 비워야 들일 수 있습니다.

'비운다'는 건 일하지 말라는 뜻이 아닙니다. 위임하거나 대행할 수 있다는 것을 의미합니다. 내가 직접 청소할 시간이 없어 청소도우미를 고용하듯, 내가 안 해도 되는 일이라면 다른 누군가가 맡을 수 있도록 방안을 마련해야 합니다. 중요한 질문은 이것입니다. "이건 내가 꼭 해야 할 일인가?", "내가 아니면 안 되는 일인가?", "줄일 방법은 없을까?" 이 판단을 제대로 하지 못하니까 시간은 늘 부족하고, 정작 중요한 일은 뒷전이 됩니다.

앞서 '하지 말아야 할 일' 목록을 정리했다면, 그다음에는 그것을 어떻게 처리할지 결정해야 합니다. 업무의 성격에 따라 3D, 위임delegation, 축소decrease, 폐기discard로 구분하는 겁니다.

먼저 위임입니다. 필요한 일이지만 자신이 직접 할 필요는 없는 일, 즉 루틴한 업무를 다른 사람에게 맡기는 것입니다. 단, 결정권까지 넘기는 것이 아니라 기준과 원칙만 명확히 전달하면 됩니다. 예를 들어 사장이 임원의 출장 결재까지 일일이 챙긴다면 부가가치 측면에서 시간 낭비입니다. 그런데 현실에서는 이런 일이 비일비재합니다. 그래서 "우리 사장은 대리급이야."라는 말이 나옵니다. 위임을 안 해서 생기는 현상입니다.

'일을 맡기는 것'과 '권한을 주는 것'은 완전히 다르다

권한 위임empowerment이란 단순히 일을 맡기는 것이 아니라, 위임자에게 일정 부분을 결정할 수 있는 권한까지 부여하는 것을 의미합니다. 결정권 없이 단순히 일을 대신하게 하는 것은 '업무 위탁delegation'일 뿐입니다. 그리고 권한 위임은 방치와 다릅니다. 처음부터 "네가 다 알아서 해."라고 말하면 누구도 제대로 해낼 수 없습니다. 연습과 훈련이 필요합니다.

우리나라에서 권한 위임이 잘 이루어진 예를 과거 세대의 '가정'에서 볼 수 있습니다. 아버지는 밖에서 일하며 생계를 책임지고, 어머니는 집안일을 맡아 살림을 꾸렸습니다. 역할이 명확하게 분담되어 있었고, 각자 자신의 영역에서 결정할 수 있는 권한이 주어졌습니다. 이것이 바로 자연스러운 권한 위임의 형태였습니다.

위임에 불안을 느끼는 리더도 많습니다. '내가 직접 안 하면 일이 느리고, 제대로 안 돌아간다'라고 생각하는 경우지요. 처음에는 시간이 더 걸릴 수 있습니다. 그러나 반복을 통해 구성원이 스스로 판단하고 결정하는 경험을 쌓게 되면, 결국 그 사람은 유능한 인재로 성장합니다. 그것이 진짜 권한 위임이며, 후계자와 후임자를 키우는 출발점입니다.

권한 위임은 한 번에 이루어지지 않습니다. '방향direction', '방식approach', '방법method'의 세 단계를 거쳐 점진적으로 확대되어야 합니다. 경영 전략을 수립할 때와 비슷합니다. 목적과 목표는 최고 책임자가 정하고, 계획은 임원진이 짜고, 실행은 실무자가 수행하는 것과 유사합니다.

즉, 처음부터 방향까지 맡기는 것이 아니라 '방법 → 방식 → 방

경영 전략	권한 위임
목적·목표	방향
계획	방식
실행	방법

경영 전략 수립과 권한 위임의 비교

향' 순서로 권한을 넓혀가는 구조가 되어야 합니다. 처음에는 세부 실행 방법을 위임하고, 점차 업무의 접근 방식까지 맡기며, 마지막에는 전략적 방향 설정까지 스스로 결정할 수 있게 하는 것입니다. 이 과정에서 반드시 모니터링은 필요합니다. "왜 그렇게 했는가?", "그렇게 한 논리는 무엇인지?"를 묻는 것은 간섭이 아니라 피드백이며, 훈련의 과정입니다. 만약 "이건 반드시 이렇게 해야 한다."는 확신이 있는 경우가 아니라면, 구성원이 스스로 정한 방식대로 시도하도록 격려해야 합니다. 설령 실수가 있더라도 괜찮습니다. 그런 경험을 통해 생각은 더 깊어지고 단단해지며, 결국 조직 전체가 성장합니다. 반대로 "마음대로 해. 나중에 결과만 알려줘."라는 태도는 위임이 아니라 방치입니다.

실수는 허용되어야 합니다. 회사 전체에 큰 피해를 주는 수준이 아니라면, 구성원이 직접 실수를 경험하게 하는 것이 중요합니다. 그래야 "다음에는 어떻게 해야 더 잘할까?"라는 고민이 생기고, 스스로 문제를 해결하려는 힘이 길러집니다. 반대로 상사가 모든 것을 결정하고 실패한다면 구성원들은 "그럴 줄 알았어. 잘 알지도 못하면서 시키니 이렇게 되지." 하며 불만만 쌓이고 상사를 신뢰하지 않게 됩니다. 성공하면 "내가 열심히 해서 잘된 거예요."라고 하고, 실패하면 "위에서 잘못 시켜서 안 된 거예요."라고 합니다. 이런 구조에서는 누구도 진정한 책임을 지지 않습니다.

혼자서 모든 일을 하려 하면 아무리 유능한 리더라도 한계가 있습니다. 중요한 것은 '큰 목적'을 공유하는 것입니다. 줄거리만 공유되어 있으면, 세부적인 디테일은 구성원들이 각자의 방식으로 채워갈 수 있습니다. 약간의 차이는 괜찮습니다. 중심만 흔들리지 않으면 됩니다.

그런데 조직에서 왜 권한 위임이 잘되지 않을까요? 평생 시키는 일에만 익숙해 스스로 무언가를 찾지 못하고, 지금 하고 있는 업무를 놓으면 불안해지기 시작하는 경우가 많습니다. 우리나라의 많은 경영자가 여유 시간이 생기면 오히려 불안해하며 이런저런 회의를 계속 만들기도 합니다. 권한 위임은 후계자를 훈련하고 육성하려는 목적도 있지만, 더 중요한 것은 상사 자신의 여유 시간을 확보해 조직의 성장과 발전을 위해 사고하며 방법을 찾는 것입니다.

오너십은
어떻게 해야 생길까?

상사에게 속내를 털어놓는 일은 쉽지 않습니다. 그래서 리더는 부

 다시, 초격차

하들이 자연스럽게 찾아올 수 있는 환경을 만들어야 합니다. 유인책을 마련하는 것입니다. 그 방법 중 하나가 권한 위임입니다. 프로젝트의 목표만 알려주고, 실행 방법은 부하가 스스로 정하게 해보십시오. 그러면 부하는 책임감을 느끼고 고민하게 됩니다. 스스로 생각하다 보면 질문이 생기고, 자연스럽게 상사에게 의견을 구하게 됩니다.

프로젝트를 수행하는 과정에서 혼자 감당하기 어려운 일이 생길 수도 있습니다. 인력이나 자본이 더 필요하거나, 부서 간 협력이 필요한 상황이 오면 부하들은 상사에게 도움을 요청합니다. 그렇게 대화가 시작되고, 아이디어에 대한 피드백과 문제 해결 논의가 자연스럽게 이루어집니다.

이런 소통의 경험이 쌓이면 부하는 점점 상사에게 다가가는 것에 거리낌이 없어집니다. 상사는 위임으로 편해지고, 부하는 일의 과정을 통해 성취감을 느낍니다. 이렇게 만들어지는 선순환의 구조 속에서 부하들은 "찾아오지 말라."고 해도 찾아옵니다. 더 나아가 자기의 아이디어에 책임을 지는 오너십ownership이 생깁니다. 누구나 "주인의식을 가져라."라고 말하지만, 실제로 권한을 주지 않으면서 그런 변화를 기대할 수는 없습니다. **진정한 오너십은 자신의 아이디어가 반영되고, 그 결과에 책임을 느낄 때 생겨납니다.**

저는 사장이 된 후부터 여러 사람이 모이는 회의보다, 자료 없이 하는 간담회 형식으로 안건을 처리해왔습니다. 부하들이 보고하거나 제안하는 내용 중에 미진한 부분이 있더라도 야단치거나, "이렇게 해라."라고 즉시 지시하지 않는 편입니다. 대신 계속 질문하면서 잘못된 부분을 자신이 스스로 알아채고 해결책을 찾아가게 합니다. 그러다 만족할 만한 결론에 도달했을 때 "그래, 그렇게 하는 게 좋을 것 같네."라고 말하면, 부하는 지시받은 게 아니라 자신이 해결 방법을 찾았다고 생각합니다. 그러면 자기 아이디어이기에 최선을 다합니다. 이렇게 하는 것이 오너십을 갖게 하는 방법입니다.

큰 프로젝트를 진행할 때도 저는 목적과 목표, 그리고 실행 방법을 관련 임원들에게 먼저 이야기한 후에, 프로젝트 자체뿐만 아니라 목적, 목표, 실행 방법 등에 문제가 발생할 가능성이 있는 항목을 자유롭게 지적하고 대안을 말하도록 요구합니다. 일종의 브레인스토밍brainstorming 과정입니다. 그리고 참석자가 제안한 좋은 아이디어를 반영해서 최종안을 만듭니다.

프로젝트를 마치 '회사'처럼 되게 하는 것입니다. 제가 최대 주주이지만, 참여하고 아이디어를 낸 임원 모두 주주가 되는 것입니다. 주주가 되고 나면 그 회사가 잘되도록 성원하듯이, 프로젝트를 수행할 임원을 모두 주주로 만들어버리면 어떻게 해서든지 성공시키려고 애를 씁니다. 이렇게 프로젝트의 주주로 만드는 것이 오너십 아닐까요?

이처럼 **자율과 책임을 동시에 부여하는 리더십이야말로 원활한 소통을 이끌고 건강한 조직문화를 만드는 열쇠입니다.**

기업에서 가장 중요한 사람은 종업원입니다. 고객이 왕이라면, 종업원은 황제 대접을 받아야 합니다. 리더가 직원을 그저 부리기만 하는 존재로 본다면, 조직에 대한 신뢰는 무너질 수밖에 없습니다. 가정에서 가장은 가족의 신뢰를 기반으로 서듯이, 최고경영자도 직원들의 믿음으로 최고경영자가 되는 것입니다.

긴급한 일과 중요한 일, 무엇이 우선일까?

리더는 중요한 일과 긴급한 일 중 어느 것을 먼저 처리해야 할까요? 긴급한 일을 우선 처리하는 것이 당연해 보이지만, 사실 지금 긴급한 일은 과거에 중요했던 일입니다. **지금 긴급한 일이 많다는 건 과거에 충분히 준비하지 못했다는 뜻입니다. 불확실성이 커지**

는 시대일수록 유비무환有備無患**의 자세가 필요합니다.**

학생이 시험 전날 당일치기로 공부해서는 좋은 성적을 얻을 수 없듯, 회사도 평소에 대비가 부족하면 위기가 닥쳤을 때 제대로 대응할 수 없습니다. 조직에 긴급한 일이 많다는 건 미래에 위험에 빠질 가능성이 크다는 신호입니다. 결국 조직의 위기란 리더가 평소에 미래를 대비하지 못했다는 증거입니다.

중국 역사 속에는 명의 화타의 일화가 있습니다. 사람들이 "어떻게 그렇게 많은 사람을 살려냈나요?"라고 묻자, 그는 이렇게 답했습니다.

"제 형들이 저보다 더 명의입니다. 첫째 형은 병이 생기기 전에 건강을 관리해주고, 둘째 형은 병이 막 생겼을 때 치료합니다. 저는 병이 깊어진 후에야 치료하니, 사람들이 제 이름만 기억할 뿐입니다."

저는 이 이야기를 매우 인상 깊게 기억하고 있습니다. 진짜 유능한 리더는 문제가 생긴 뒤에 해결하는 사람이 아니라, 아예 문제가 생기지 않도록 미리 예방하는, 화타의 첫째 형 같은 사람입니다.

스트레스는 푸는 게 아니라
예방해야 한다

위기 상황은 리더의 스트레스와 직결됩니다. 그래서인지 많은 분이 제게 "스트레스는 어떻게 푸느냐?"라고 묻습니다. 삼성전자처럼 거대한 조직을 맡고 있으니 엄청난 스트레스를 받을 텐데, 겉으로 보기엔 그럭저럭 잘 지내니 무슨 비법이라도 있다고 생각하는 모양입니다. 하지만 저라고 다른 CEO와 다를 바 없습니다. 계획대로 되지 않는 일이 훨씬 더 많고, 영업 실적의 부침도 크고, 사건·사고가 끊임없이 발생합니다. 스트레스가 쌓일 요인이 계속 생기는 것이지요.

사람들은 스트레스를 받으면 명상을 하거나, 책을 읽거나, 운동을 하거나, 술을 마시는 등 다양한 방법으로 풀려고 합니다. 이런 방법들은 정신을 잠시 다른 곳으로 돌리는 데는 도움이 되지만, 근본적인 해결책은 아닙니다. 스트레스의 원인이 그대로 남아 있는 한 스트레스가 풀릴 리가 없습니다.

앞에서 언급한 화타의 말처럼, 예방이 최선의 스트레스 해소법이라고 생각했습니다. 스트레스는 문제가 있을 때 생기는 것이지, 모든 일이 잘 풀릴 때는 생기지 않습니다. 실적이 너무 좋으면 '계속 잘할 수 있을까?' 하는 걱정은 하지만 이것은 스트레스가 아닙니다. 결국 스트레스 요인을 최소화하는 것, 즉 문제가 생기지 않도록 예방하는 것이 가장 효과적인 스트레스 대응법이라고 믿습니다.

저는 회사 경영을 맡게 되면 다음과 같은 화두를 스태프들에게 던집니다.

"우리 회사의 각 분야에서 어떤 사건·사고가 발생하면 가장 큰 위기가 될까요?"

이 질문을 바탕으로 각자의 생각을 공유하며 다양한 위기 상황을 미리 가정해보는 시간을 갖습니다. 일종의 '예습'입니다. 제조 공장이라면 인재人災, 화재, SCM 문제 등 비상 상황을 가정하고, '누가 무엇을 어떻게 처리한다'라는 시나리오를 미리 만들어두는 것입니다. 다른 부서 역시 각자의 특성에 맞는 비상 대응책을 사전에 마련하게 합니다.

이런 식으로 시나리오를 준비해두면 실제 사고가 발생했을 때 즉시 대응이 가능합니다. "급변하는 시대에는 시나리오 경영을 해라."라는 말이 있듯이, 사건·사고도 시나리오에 따라 대응하는 것입니다. 대응이 빠르고 해결도 빨라지니 스트레스도 덜 쌓이고, 불필요한 비상대책회의도 줄어듭니다.

반대로 아무런 준비가 되어 있지 않다면 우왕좌왕하면서 해결까지 시간이 오래 걸립니다. 그러면 또 다른 사고가 연이어 터질 수 있고, 그렇게 되면 시스템 전체가 흔들립니다. 결국 위기 상황을 미리 가정하고 대비책을 마련하는 것, 이것이 스트레스를 최소화하는 가장 확실한 방법입니다. 무엇이든지 예방과 예습이 최고의 해결책입니다.

이건희 회장이 말한 '위기'의 진짜 의미는 무엇인가?

저는 "위기 상황이니 대책 회의를 하자."는 말을 거의 하지 않았습니다. 많은 경영자가 매출이 떨어져도 위기, 사고가 나도 위기, 어떤 부정적 상황이면 일단 '위기'라는 말을 씁니다. 그러나 그렇게 위기를 남발하면 직원들은 "우리가 언제 위기가 아니었던 적 있나?" 하며 무감각해집니다. 진짜 위기가 와도 진짜라고 느끼지 못하는 겁니다. 이는 양치기 소년의 우화와 다를 바 없습니다.

대부분의 위기는 리더의 능력 부족에서 비롯됩니다. 물론 예외적인 경우도 있지만, 대부분의 문제는 이미 예측이 가능한 것들입니다. 리더가 예측이 가능한 위험을 대비하지 않고, 사후적으로

'위기 상황'이라며 직원들에게 책임을 전가하는 말이나 행동을 하는 것은 올바르지 않습니다. 그런 상황이 발생했다면 먼저 임직원에게 사과하고, 함께 대책을 고민해야 합니다. 앞으로의 시대는 더 불확실해질 것입니다. 하지만 변화에 대비해야 한다는 원칙만큼이나 변하지 말아야 할 원칙도 분명히 존재합니다. 바로 리더가 가져야 할 태도입니다.

첫째, 리더는 역지사지의 태도를 가져야 합니다. 상사는 부하의 입장으로, 부모는 자식의 입장으로 상대방의 생각을 헤아려야 합니다. 비즈니스 리더라면 이 태도를 고객과 경쟁사에도 확장해야 합니다. 고객이 우리에게 무엇을 기대하는지, 경쟁사가 우리를 어떻게 공략할지를 끊임없이 고민해야 합니다.

둘째, 리더는 예측이 아닌 학습의 자세를 가져야 합니다. 학생이 예습하듯, 리더도 끊임없이 미래를 연구하고 준비해야 합니다.

셋째, 자신을 돌아볼 수 있는 피드백 시스템을 갖춰야 합니다. 선배든, 후배든, 상사든 신뢰할 수 있는 사람에게서 지속적인 피드백을 받아야 합니다.

실제로 문제라고 여겨지는 일의 대부분은 충분히 예측할 수 있습니다. 물론 팬데믹 같은 특수 상황은 예외입니다. 하지만 '비상 대책회의'라는 말이 나오는 경우, 거의 80~90%는 과거의 미비한 준비를 수습하려는 과정에서 생긴 일입니다. 그런 상황에서 부하 직원을 불러 질책하는 것은 자신의 잘못을 남에게 떠넘기는 일입니다.

사업이 어려워질 때마다 대책 회의를 열어 호들갑을 떠는 리더는 훌륭한 리더가 아닙니다. 훌륭한 리더이자 경영자라면 미래를 준비해야지, 준비해놓지 않고 위기란 말을 남발해서는 안 됩니다.

많은 분이 "이건희 회장도 매일 위기라고 말하지 않았느냐?"라고 묻습니다. 그러나 제가 경험한 이 회장의 '위기'는 달랐습니다. 매출이 떨어졌다고 해서 위기라고 한 적은 없습니다. 그분이 말한 위기는 '미래를 준비하지 않는 것'이었습니다.

마지막으로 전하고 싶은 말이 있습니다. 우리는 모두 각자의 자리에서 성공을 추구합니다. 그러나 과거의 성공이라는 밀알을 손에 움켜쥐고만 있으면, 그것은 결국 썩게 됩니다. 자신이 쌓은 성과를 후배들에게 나누고, 그들이 성장할 수 있는 토양을 만들어야 합니다. 그래야 더 큰 성공이 이어집니다.

좋은 리더는 단지 기업을 운영하는 사람에 그치지 않습니다. 좋은 가정의 가장이기도 해야 합니다. 저는 경영이란 결국 일상의 연장이며, 삶을 어떻게 살아가야 하는가에 대한 고민이라고 생각합니다.

회의는
적을수록 좋다

앞서 '하지 말아야 할 일' 목록을 업무의 성격에 따라 위임, 축소, 폐기로 구분한 후에 처리해야 한다고 했습니다. 여기서는 축소에 대해 이야기해 보겠습니다.

꼭 필요한 일이지만 빈도를 줄일 수 있는 일이 있습니다. 예를 들어 주간 회의를 격주로, 월간회의를 격월로 바꾸는 방식입니다. 보고도 마찬가지입니다. 자료를 줄이고 전산 시스템을 활용해 이메일로 공유하면 됩니다. '얼마나 자주 하느냐'보다 '얼마나 효율적으로 하느냐'가 더 중요합니다.

저는 우리나라 근무 시간 중 가장 비효율적인 업무가 회의라고 생각합니다. 기업, 학교, 정부 기관을 막론하고 대부분의 책임자들은 하루를 회의로 시작해 회의로 끝냅니다. 우리가 선진 기술을 따라가던 패스트 팔로어 시절에는 이런 방식이 불가피했습니다. 지시하고, 관리하고, 확인하는 일이 일상이었고, 시스템이 미비했기 때문에 사실상 회의가 유일한 정보 전달 수단이었습니다. 그 결과 고위직일수록 회의로 하루를 보내고, 직원들은 회의 자료를 만드는 일을 출근의 목적처럼 여기게 되었습니다. 문제는 세상이 바뀐 지금도 이런 회의 중심 문화가 여전히 남아 있다는 점입니다.

회의 자료를 보면 대부분은 이미 끝난 일의 실적과 문제점 정리에 집중되어 있습니다. 즉, 거의 모두 과거의 이야기입니다. 그마저도 외형상으로만 그럴듯하고 실제로는 '가공된' 내용이 많습니다. 상사에게 혼날 만한 내용은 빼고 잘된 결과만 담는 경우가 많기 때문입니다. 제 표현으로 성형미인 같은 자료입니다. 이런 회의는 문제 해결의 자리가 아니라 보고용 발표회가 되어버립니다. 이제는 이런 회의의 의미와 가치를 근본적으로 되짚어봐야 합니다.

회의 문화를 개선하려면 다음 항목을 반드시 지켜야 합니다.

1. 회의 건수를 획기적으로 줄여야 한다.

2. 회의의 시작과 종료 시간을 정확히 지켜야 한다.

3. 회의의 어젠다와 참석자를 명확히 해야 한다.

4. 회의 내용이 과거가 아닌 미래를 향하고 있는지 늘 점검해야 한다.

회의 건수를 줄이는 것이 최우선입니다. CEO가 주관하는 1시간짜리 회의라도 참석자의 사전 준비와 자료 작성, 회의 후 보고까지 합치면 실제로는 수백 시간이 소요됩니다. 요즘처럼 근무 시간이 제한된 환경에서는 의미 없는 회의를 과감히 줄여야 합니다. 저는 회의를 거의 하지 않았습니다. 물론 처음부터 없앤 것은 아닙니다. 사장이 된 직후에는 주간 회의를 격주로 바꾸고, 이후에는 월간 혹은 분기 1회로 점차 줄였습니다. 몇 년이 지나자 한 달에 서너 건만 남았습니다. 전임자가 하던 회의를 갑자기 없애면 혼란이 생기니 단계적으로 줄인 것입니다. 그렇게 해도 조직은 잘 돌아갔습니다.

지금은 시스템이 발달해 각종 정보를 쉽게 조회할 수 있습니다. 과거처럼 모든 것을 회의로 공유할 필요가 없습니다. 저는 회의 대신 임원들과 자료 없이 이야기하는 간담회를 즐겨 했습니다. 회의가 자료 중심이라면, 간담회는 사람 중심입니다. 임원들의 생각과 현장의 온도를 직접 들을 수 있고, 동시에 그들의 실력도 가늠할 수 있습니다. 대체 수단이 있다면 회의는 과감히 줄이는 것이 좋습니다.

회의 시간을 정확히 지키는 것도 중요합니다. 많은 회사가 '정시 회의'를 외치지만 시작도 늦고 끝도 정해지지 않는 경우가 많습니다. 이건 대체로 상사의 탓입니다. 상사가 시간을 지키지 않으면 직원들도 늦어도 괜찮다고 생각하게 됩니다. 습관이 되는 것이죠.

저는 2시에 회의가 잡혀 있으면 1시 59분에 회의실에 들어가 정확히 시작했습니다. 회의 시작 후에 들어오는 참석자는 특별한 사유가 없는 한 돌려보냈습니다. 벌을 주려는 게 아니라 약속은 반드시 지켜야 한다는 원칙을 세우기 위해서였습니다. 누군가 늦어도 용납된다면 다음 사람도, 또 그다음 사람도 늦게 됩니다. 결국 '늦어도 괜찮다'는 인식이 조직 전체에 퍼집니다. 하지만 한 번 기준을 세우면 모두 따릅니다. 신뢰는 거창한 약속이 아니라 작은 약속을 지켜나가야 쌓입니다. 윗물이 맑아야 아랫물이 맑다는 말이 딱 맞습니다.

우리나라 회의의 또 다른 문제는 상사의 원맨쇼로 흐른다는 점입니다. 상사가 회의 시간 대부분을 차지해 혼자 이야기하거나 지시를 내립니다. 이는 보고 구조의 문제입니다. 상사가 편의를 위해 여러 어젠다를 한꺼번에 다루다 보니 관계없는 부서가 참석하게 되고 집중력은 떨어집니다. 회의 어젠다는 꼭 필요한 항목만 남기고 참석자 수도 최소화해야 합니다. 그래야 참석자 모두가 토의에 참여하고 회의 시간도 절약됩니다.

무엇보다 회의는 과거의 실적 보고가 아니라 미래를 논의하는 자리여야 합니다. 지금의 문제를 진단하고 해결책을 찾는 데 초점을 맞춰야 합니다. 시스템을 통해 누구나 볼 수 있는 과거 데이터를 회의에서 다시 리뷰하는 건 시간 낭비입니다. 회의는 상사가 지시하는 자리가 아니라 질문이 오가는 자리여야 합니다. "이번 달 매출은 얼마인지?"라는 질문보다는 "내년도 목표를 달성하려면 무엇이 필요할까?"를 묻는 회의가 훨씬 생산적입니다.

또한 공개된 회의 자리에서 리더에게 정면으로 의견을 내는 것은 쉽지 않습니다. 그래서 저는 주로 점심시간에 1 대 1로 이야기를 나누었습니다. 그 자리에서는 야단치지 않고, 왜 그런 판단을 했는지를 묻고 제 생각을 공유했습니다. 그렇게 해야 진짜 대화가 오갑니다.

최고 책임자가 각종 회의를 자주 열면, 각 부서에서는 그만큼 많은 자료를 만들게 됩니다. 여러 부서가 동시에 자료를 준비하다 보면, 유출 의도를 가진 사람이 정보에 쉽게 접근할 수 있는 환경이 만들어지기도 합니다. 최근 첨단 기술 기업에서 기술 유출과 관련된 산업 스파이 사건이 빈번하게 발생하고 있는 것이 그 한 예입니다.

엄청난 시간과 자본을 투입해 개발한 기술이 경쟁사로 유출되면, 그 피해는 상상하기 어려울 정도로 큽니다. 이는 사익私益을 취하려는 일부 직원들의 잘못된 범죄 행위에서 비롯된 것이지만, 자료 유출이 쉽게 발생하는 원인 가운데 하나는 회의가 과도하게 많다는 점입니다. 회의가 꼭 필요하다면 영역별로 분리해 실시하고 참석 인원을 대폭 줄여야 합니다. 이것이 기술 유출을 막기 위한 1차 방어선입니다.

마지막은 폐기입니다. 과감하게 안 해도 되는 일을 버리는 겁니다. 이게 가장 어렵습니다. 집에서도 안 쓰는 물건을 잘 버리지 못하듯 회사에서도 마찬가지입니다. 그래도 일 잘하는 사람은 불필요한 일을 버릴 줄 압니다. 그래야 시간이 생기고, 그 시간을 정말 중요한 일에 쓸 수 있습니다.

리더가 되면 불필요한 사내외 행사에 관행적으로 참석하거나, 팀워크를 위한다고 쓸데없는 워크숍 등 과시적인 행사를 만들기도 합니다. 제 경험상 실질적으로 도움이 되는 경우가 드물었습니다. 효과가 없는 행사는 안 하는 게 좋습니다.

다시 강조하지만, 리더라면 반드시 '하지 말아야 할 일' 목록을 써 봐야 합니다. 이건 단순한 업무 관리표가 아니라 시간을 확보하기 위한 첫걸음입니다.

4장

리더는 관리자가 아닌 경영자가 되어야 한다

경영자로
육성하는 방법

패스트 팔로어 시대에는 '관리를 잘하는 것'이 곧 경영이었습니다. 그러나 퍼스트 무버 시대에는 그것만으로는 부족합니다. 경영학의 전설 피터 드러커는 관리와 경영의 차이를 간단하지만 정확하게 설명했습니다.

관리는 주어진 일을 제대로 하는 것이고, 경영은 꼭 필요하고 해야 할 일을 하는 것이다.

Management is doing things right, Leadership is doing the right thing.

관리자로 키울 것인가,
경영자로 키울 것인가?

사업이나 기획을 맡고 있는 분들이 자주 하는 질문이 있습니다.

"이런 사업을 구상 중인데 어떻게 생각하십니까?"

그러면 제가 되묻습니다.

"그 사업이 미래에 성장할 수 있다고 보는지요?"

"그렇습니다. 시기는 단정할 수 없지만, 성장할 가능성은 분명히 있다고 생각합니다."

"그럼 추진해야지요."

그러면 다시 이렇게 물어옵니다.

"리스크가 많을 것 같은데, 해도 정말로 괜찮을까요?"

리스크 없는 신규 사업은 없습니다. 경영자는 리스크를 극복하고 사업을 성공시키는 방법을 찾는 사람이고, 관리자는 리스크를 피하는 사람입니다.

대부분의 한국 기업 경영자들은 여전히 현재 업무에 매달리는 '전문 관리자'에 머물러 있습니다. 미래가 어떤 방향에서 올지 모르는데 시야는 점점 좁아지고, 새로운 개념을 익힐 시간도 부족합니다. 외부를 경험하지 못하니 '우물 안 개구리'가 되고, 사내에서만

통하는 '골목대장'이 되어버리는 것이지요. 경영 환경이 바뀌었는데도 리더들은 여전히 과거 방식에 머물러 있습니다.

심지어 자신이 없으면 조직이 돌아가지 않도록 만들어버리는 경우도 많습니다. 정보를 독점하고 부하 직원들을 하수인처럼 부리며, 모든 결정을 직접 하려 드는 것이 대표적입니다. 더 큰 문제는 단기 실적에만 집착하는 것입니다. 이런 유형의 '전문 관리자'는 불철주야 일은 열심히 하지만, 시스템을 만들지 못하고 미래를 준비하지도 못합니다.

경영자보다 관리자로 키워지는 원인 중 하나는 우리나라 오너 혹은 CEO의 탓도 있습니다. 실수하면 질책하고, 현재 성과로만 평가하기 때문입니다. 그리고 주말이나 저녁 시간에 회사에 없으면 일을 하지 않는다고 간주하니 관습적으로 사무실에 남아 있습니다. 그러니 새로운 지식이나 경향을 체득할 시간이 없겠지요. 오너들은 기존 시스템을 과감히 개혁해야 합니다. 이제는 전문 '관리자'를 키우는 시대가 아니라, 진짜 '경영자'를 키우는 시대로 전환해야 합니다. 차이점은 다음 페이지의 표를 보면 분명합니다.

저는 《초격차》에서 경영자 유형을 '똑게, 똑부, 멍게, 멍부'로 분류할 수 있다고 했습니다. 똑똑하고, 멍청하고, 부지런하고, 게으르다는 말의 앞 글자를 이용한 재미있는 표현이지요. 각각의 의미

구분	전문 경영자	전문 관리자
경영 목표	아웃풋, 가치 증대	인풋, 원가 절감
경영 형태	미래 준비, 예방	현재 성과, 대응
회의 형태	효과, 방향, 혁신 중심	효율, 방법, 개선 중심
조직 운영	권한 위임	현재 관리, 확인·지시
업무 능력	시스템 운영	마이크로 매니지먼트

경영자와 관리자의 차이

를 제대로 이해하지 못하면, 멍청한 사람을 똑똑하다고 여기고 부지런한 사람을 게으르다고 착각할 수가 있습니다.

경영자가 똑똑하려면 지식은 물론 지혜도 있어야 한다는 의미입니다. 자기가 담당하는 분야의 지식은 많지만, 지혜가 부족하면 멍청한 사람입니다. 단순히 열심히 일하는 것은 부지런한 것처럼 보이지만, 논리와 사고력이 없으면 게으른 것입니다.

AI 시대에는 기계가 인간보다 지식이 많으니, 똑똑함의 기준은 지식보다는 지혜가 되고, 부지런함의 기준은 행동보다는 사고력이 되어야 합니다. 최근 쇠락한 회사의 CEO는 외형적으로는 지식이 많고 몸만 부지런하여 '똑부'처럼 보였지만, 실제로는 '멍부'인

사람이 많습니다.

새로운 시대에 필요한 경영자는 지식과 지혜를 겸비하고, 몸은 여유가 있지만 생각을 많이 하는 '똑부'가 되어야 합니다.

그렇다면 어떤 사람이 최고경영자가 되어야 할까요? 우선 단선 경로, 즉 한 가지 직무만으로 승진해온 사람은 주의해야 합니다. 평생 영업만 했거나, 평생 개발만 한 사람이 사장이 되면 어떤 일이 벌어질까요? 자신이 경험한 분야가 가장 중요하다고 생각하고 나머지 영역은 소홀히 합니다. 포용력도 떨어지고 실패에 대한 이해도 부족합니다. 자기 분야에서 '토너먼트 최종 승자'이기에 실수에 관대하지 못하고, 부하 직원들을 통제하려 들며, 강압적 마이크로 매니지먼트로 흐르기 쉽습니다.

이런 리더들은 내부만 보는 시각을 갖기 쉽습니다. 산업화 시대처럼 목표가 선명했던 시절에는 이런 방식도 통했지만, 지금처럼 목표 자체가 유동적인 시대에는 바깥을 보는 눈이 중요합니다. 밖에 나가 본 적이 없으면 더 큰 세상을 알 방법이 없습니다. 그래서 최고경영자를 선발할 때는 반드시 복수 직무 경험, 외부 협력 경험, 포용력, 학습력을 가진 사람을 찾아야 합니다.

그런 리더를 갖춘 기업 중에서도 성공을 유지하는 기업은 극히 일부입니다. 대부분은 정체하거나 서서히 쇠퇴합니다. '유지'라는 말이 보기엔 중립적으로 들리지만, 실제로는 쇠퇴의 시작일 수도 있습니다. 최고경영자는 생존을 넘어 미래를 준비할 줄 아는 사람이어야 합니다. 그 핵심은 인재를 키우고, 조직문화를 바꾸는 데 있습니다.

최고경영자는 시스템을 만들고, 인재를 육성하고, 문화를 세우는 사람입니다. 그래서 조직이 지속 가능하게 움직일 수 있도록 돕는 존재입니다. 경영자는 시대의 흐름에 따라 끊임없이 진화해야 합니다. 변화하지 않는 리더는 결국 조직을 한계로 이끌 것입니다.

관리자는 지시를, 경영자는 질문을 한다

카피 시대에는 정보와 경험이 많은 리더가 지시하고 관리하는 방식이 가장 효율적인 경영이었습니다. 그러나 이제는 리더가 모든 분야를 직접 지시할 만큼 세상이 단순하지 않습니다. 구성원 한 사람 한 사람의 재능과 능력을 최대한 활용하지 못하면 더는 발전이 없습니다. 오히려 기성세대가 젊은 세대에게 배워야 할 것들이 많아진 시대가 되었습니다. 이런 이유로 일하는 방식은 '자율과 책임'

으로 가야 합니다. 자율을 주고, 그에 따른 책임을 지는 것, 이것이 기본 원칙입니다. 물론 여기서 책임이란 잘못되면 곧바로 페널티를 준다는 뜻은 아닙니다.

패스트 팔로어 시대에는 사소한 일까지 일일이 지시하고 확인하는 관리자가 좋은 경영자로 여겨졌습니다. 전형적인 마이크로 매니지먼트micro management입니다. 이런 방식은 실수를 줄일 수 있을지 몰라도, 후배의 실력이 늘지 않습니다. 결국 인재가 성장하지 않으니, 조직도 서서히 쇠퇴합니다. 리더가 실력이라도 있으면 그나마 조직이 돌아가지만, 인재가 자라지 않았기 때문에 미래는 없습니다.

그런데 마이크로 매니지먼트를 제대로 이해하지 못하는 사람들이 많습니다. 그 이유는 마이크로 매니지먼트와 《초격차》에서 설명한 '시프트 프런트(shift-front, 시프트 레프트의 문제 선행 사고를 리더십과 조직 의사결정 구조로 옮겨온 개념)' 개념을 혼동하기 때문입니다. 마이크로 매니지먼트와 시프트 프런트를 비교한 다음의 표에서 보듯이 지시와 질문을 동일시합니다. 두 방식 모두 상사가 말을 많이 한다는 공통점이 있지만 큰 차이점이 있습니다.

저는 어떤 문제가 생기면 "어떤 조건에서 이런 일이 생긴 걸까?"라고 묻고, 문제가 해결되면 "어떤 원리에 의해 해결된 걸까?"

구분	마이크로 매니지먼트	시프트 프런트
목적	실수 없이 빠르게 목표 달성	근본 원인 찾기
목표	분명	불분명
방법	지시, 확인, 관리	질문, 토론

마이크로 매니지먼트와 시프트 프런트의 비교

라는 질문을 던집니다. 이렇게 '왜? 왜? 왜?'를 반복하며 근본 원인root cause, 즉 참 원인을 찾으려 합니다. 사람들은 제가 계속 질문하니 그것을 마이크로 매니지먼트라고 느꼈을 수도 있습니다. 하지만 둘은 전혀 다릅니다. 마이크로 매니지먼트는 정답이 이미 있는 문제에 대해 리더의 방식을 강요하는 것이고, 시프트 프런트는 정답이 없는 문제를 두고 함께 질문하고 토론하면서 원인을 찾아가는 과정입니다.

예를 들어 아이가 열이 났다고 합시다. 대부분은 약을 먹이고 열이 내리면 "이제 괜찮네. 다행이다."라고 끝맺습니다. 하지만 "왜 열이 났지?"를 묻는 것이 바로 시프트 프런트입니다. 이유를 모르고 넘어가면 다음에 더 큰 문제가 생길 수 있기 때문입니다. 우리 사회에서 비슷한 대형 사고가 반복되는 이유도 같습니다. 문제의 근본 원인을 파고들지 않고, 마이크로 매니지먼트식의 회의만 하며, 담당 책임자가 지시와 관리를 충분히 하지 않았다고 문책만 하기 때문이 아닐까요? 이렇게 문제의 근본 원인을 파고드는 태도를 이해하지 못하면, 상사가 질문을 많이 한다는 이유로 마이크로 매니지먼트라고 오해하게 됩니다.

당신의 회사에는 후임자 플랜 B가 있나요?

스타트업 창업자나 중소·중견기업 오너들의 큰 고민 중 하나는 인재 풀pool이 충분하지 않아 특정 인물을 대체할 사람이 없다는 점입니다. 개발, 제조, 영업 등 각 분야에 실질적인 책임자가 한두 명뿐이다 보니, 자연스럽게 특정 개인에게 업무가 집중됩니다. 그러다 그 사람이 개인적인 사정이 생기거나 이직이라도 하면 조직 전체가 흔들리는 일이 벌어집니다.

조직 관리에 문제가 있어도 이러지도 저러지도 못한 채 그 사람의 의견에 끌려가다 보면 분위기는 악화됩니다. 인성이라도 좋으면 다행이지만, 그렇지 않다면 조직은 최악의 상태로 치닫습니다. 일부는 이런 구조를 악용해 자신의 위치를 더 공고히 하려고 능력 있는 후배를 키우지 않거나 심지어 배제하기도 합니다. 대기업에서도 드물지 않은 일입니다. 이렇게 해서 소위 '갑' 같은 직원이 생겨나는 것입니다. 후임자 육성이 되지 않은 전형적인 모습입니다.

이와 연결되는 개념이 바로 '후임자 플랜 succession plan'입니다. 조직도를 그려놓고 일 잘하는 한 사람에게 모든 걸 맡겨두면 안 됩니다. 그 사람에게 갑작스러운 일이 생기면 어떻게 하겠습니까? 모든 책임자에게 '만약의 상황'을 대비한 대체 인력을 미리 정해두는 것이 중요합니다. 반드시 문서로 공식화해야 한다는 뜻은 아닙니다. 머릿속에 가상 시나리오가 있어야 하고, 가능하다면 후보자에게 조금씩 역할을 맡겨 보며 준비시키는 것이 좋습니다. 중소기업에서는 '사람이 없는데 무슨 후임자냐'라고 하지만, 제가 보기엔 준비할 의지가 부족한 경우가 대부분입니다.

그래서 최고 책임자는 각 분야의 후임자 육성 계획을 항상 세워야 합니다. 부서 책임자의 핵심 평가 항목에도 '후임자 육성'을 포함해야 합니다. 물론 육성했다는 사람이 실제로 일을 잘할지는 알수 없습니다. 그럼 어떻게 해야 할까요? 제가 사용했던 방법은 다음과 같습니다.

고위 임원들에게 순환 보직을 실시했습니다. 사전에 공개적으로 선언하고, 예외 없이 실행했습니다. 차세대 사업부장이나 CEO가 되려면 자기 전문 분야 외에도 다양한 경험이 필요하다는 논리였습니다. 저 역시 우연히 그런 과정을 거치며 경영 실력이 크게 자랐다고 느꼈기 때문입니다. 연구소 임원을 제조 공장으로 보내고, 개발 임원을 마케팅 부서로 보내며 3~4년 주기로 순환 근무를 시켰습니다. 이후 성과가 좋은 사람을 사장으로 발탁했습니다. 그리고 담당 임원이 전보되었을 때, 육성했다는 후임자가 제 역할을 못하면 그 책임은 전적으로 그 임원에게 돌아가도록 했습니다.

중소·중견기업처럼 인력 규모가 작은 회사라 해도 같은 메시지를 공개적으로 전달하고, 일부 인원이라도 차세대 CEO로 육성할 계획을 세우는 것이 필요합니다. 특정 인물이 한 부서에서만 오래 일하다 책임자가 되면 오히려 독불장군이 될 수 있고, 통제도 어려워집니다. 인력 풀이 작더라도 중요 부서에는 항상 후임자를 미리 육성해놓는 플랜 B가 필요합니다.

오너 회장 중에는 "우리 회사에는 인재가 없다."라고 말하는 분들도 있습니다. 하지만 수백 명이나 되는 직원 중에서 능력 있는 인재가 단 한 명도 없을까요? 그렇지 않습니다. 발굴하지도 않고, 육성하지도 못한 탓이 아닐까요? 저절로 유능한 인재가 될 수는 없습니다. 아무리 좋은 씨앗이라도 뿌리기만 해서는 소용이 없습니다.

비료를 주고 관리해야 열매가 맺히는 것과 같습니다.

사실 대기업에서도 체계적으로 순환 보직을 통해 CEO를 육성하는 경우는 드물긴 합니다. 우리나라 기업은 대부분 임원이 퇴임할 때까지 같은 분야에서 일하는 게 보통입니다. 자기가 하던 업무만 계속하게 되니 새로운 기술이나 동향을 학습할 시간도 없습니다. 기존에 일하던 방법을 개선은 할 수 있으나, 혁신하기에는 부족합니다. 이런 상황이 회사 성장에 한계를 가져다 줍니다.

리더가 3개월 비어도 괜찮습니까?

제가 대표로 있을 때 인재 육성을 위해 특별한 프로그램을 준비했지만, 현역에서 내려오면서 아쉽게도 실행하지 못한 계획이 하나 있습니다. 제 이야기를 듣고 기대했던 임원들이 더 아쉬웠을 것입니다.

그 계획은 임원 승진 후 10년 차가 되는 인력(당시 기준 전무급 이상)을 전원 3개월간 업무에서 떠나 2개월은 미국의 유명 경영대학원에서 MBA 교육을 받게 하고, 1개월은 공부든 여행이든 자유롭

 다시, 초격차

게 보내도록 하는 제도였습니다. 이 계획을 추진하려고 한 목적은 세 가지였습니다.

첫째, 공부하며 실력을 쌓고 외국 인재들과 교류해 세계를 보는 안목을 넓히는 것입니다. 국내에서만 교육을 받으면 자신이 제일 우수하다고 착각하기 쉽습니다. 그러나 세계에는 뛰어난 생각과 재능을 가진 사람이 많습니다. 이를 체감해야 겸손해지고 실력을 키우려는 노력이 생깁니다. 세계는 넓고 할 일도 많습니다.

둘째, 한 달의 자유 시간을 통해 가족과 보내는 시간을 늘리고, 그동안 업무로 쌓였던 스트레스를 풀며 재충전하기 위해서입니다. 이건희 회장이 신경영 선언 후 시행한 '지역 전문가' 제도의 임원 버전이라고도 할 수 있습니다.

셋째, 3개월 동안 현업에서 빠져도 업무에 차질이 없도록 후임자를 잘 육성해두었는지 확인하는 장치였습니다. 만약 특정 부서가 그 기간 동안 제대로 작동하지 않는다면 후계자 육성이 이루어지지 않았다는 뜻이고, 그런 인물은 더는 승진시키면 안 됩니다.

여러분 회사에 여력이 있다면 한번 실행해 보기를 바랍니다. 이는 단순한 교육 프로그램이 아니라, CEO 육성은 물론 인재 유지와 유치에도 큰 도움이 되는 제도라고 확신합니다.

가업 승계자가
극복해야 할 요건

제가 처음 만나는 가업 승계자, 즉 오너의 자녀나 친인척에게 멘토링을 할 때 가장 먼저 던지는 질문이 있습니다.

"회장 이외의 사람으로부터 질책을 받아본 적이 있습니까?"

지금까지 이 질문에 '그렇다'고 대답한 사람은 거의 없었습니다. 명목상의 상사로부터 조언을 들은 적은 있겠지만, 지시나 지적을 받은 적은 없었을 것입니다. 승계자의 현재 상사라도, 누가 미래의 회장에게 듣기 싫은 소리를 할 수 있겠습니까?

진정한 리더십은 폴로십 followship을 익힌 후에 생기는 법입니다. 야단을 맞아본 적이 없으니, 당연히 누군가를 올바르게 꾸짖는

법도 모릅니다. 야단을 치는 이유는 당사자가 잘못을 깨우치게 하고 더욱 발전시키려는 것인데, 상대방의 입장을 고려하지 않고 자기 생각만으로 야단치면 불만만 쌓이게 됩니다. 야단맞아 보지 않은 사람은 야단맞는 상대방의 감정을 알기가 힘들기 때문입니다.

대부분의 승계자는 처음부터 직위와 관계없이 실질적인 리더의 위치에서 업무를 시작하기 때문에, 특별한 노력을 기울이지 않는 한 '듣는 연습', 즉 경청의 기회가 거의 없습니다. 다시 말해 회사 안에서 진정한 피드백feedback을 받을 수 없다는 사실입니다.

모든 생명체가 생존할 수 있는 것은 내·외부에서 오는 피드백에 적절히 대응하기 때문입니다. 만약 다쳤는데도 통증이라는 피드백이 없다면, 그것은 좋은 것이 아니라 오히려 죽음으로 이어질지도 모릅니다. 승계자에게 피드백이 없다면 독단적이 되거나 자기도취에 빠지기 쉽고, 결국 조직은 위험에 처하게 됩니다. 따라서 가업 승계자는 자신에게 객관적이고 진실한 피드백을 줄 수 있는 외부 조언자가 꼭 있어야 합니다.

승계자는 입사 후 기획, 인사, 영업 등 여러 부서를 거치며 경험을 쌓습니다. 훗날 최고 책임자가 되었을 때를 대비한 준비 과정이지요. 그러나 대부분의 경우 실질적으로 직무를 수행해 보지 못한 채 직위만 달게 되는 경우가 많습니다. 어느 부서에도 오래 머물지 못하니 스스로 기획하고 결정하고 책임지는 경험이 부족합니다. 상사에게 기획안이 퇴짜 맞고 질책을 받아본 경험도 없으니, 이것을 실전이라 할 수 없습니다. 고객과 가격을 두고 힘겨운 협상을 해보지 않았다면 그것은 경험이 아니라 '관람'에 가깝습니다.

백문불여일견百聞不如一見보다 더 중요한 것은 백견불여일행百見不如一行입니다. 백 번 듣는 것보다 한 번 보는 것이 낫고, 백 번 보는 것보다 한 번 실행해 보는 것이 훨씬 값집니다.

대학 시절 몇몇 과목을 '수강' 대신 '청강'한 적이 있습니다. 강의를 들을 때는 수업 내용을 아는 것 같지만 실제로는 잘 모릅니다. 리포트를 쓰거나 시험 준비를 할 필요가 없으므로 예습과 복습을 하지 않기 때문입니다. 이렇게 해서는 절대로 실력이 늘 수 없습니다. 회사 업무도 같습니다. 스스로 고민하고 직접 수행한 일만이 실력으로 남습니다.

따라서 승계자는 여러 부서를 경험하더라도 명목상 팀장이 아니라 실제 권한을 행사하고 책임을 지는 '실질적 팀장'이 되어야 합니다. 그렇지 않으면 지식도 얕고 경험도 부족한 상태에서 '여러 부서에서 보고받은 정보가 많으니, '자신이 제일 많이 안다'라고 착각하게 됩니다. 나중에는 부하직원의 의견을 무시하고 독단적으로 일하는 오류를 범할 수 있습니다. 이른바 "선무당이 사람 잡는다."라는 말이 딱 맞는 상황입니다. 진짜 실력은 청강이 아니라 수강할 때 생기는 법입니다.

제가 만난 대부분의 승계자는 교육 수준도 높고 인성도 좋았습니다. 그러나 이미 선대 회장이 만들어놓은 안정된 구조 안에서 출발하기 때문에 창업자들에 비하면 도전 정신은 상대적으로 약했습니다. 오너인 회장은 자신의 성공 모델을 고수하고, 승계자가 실수할까 두려워 온실에서 키우는 경우가 많습니다. 그러다 보니 승계자는 큰 결정을 내리지 못하는 '결정 장애자 리더'로 성장할 가능성이 큽니다.

코이(비단잉어)라는 물고기가 있습니다. 작은 어항에서는 10cm 이하로만 자라지만, 연못에서는 수십 cm, 강물에서는 1m가 넘게 자란다고 합니다. 승계자를 어느 크기까지 키우고 싶으십니까? 진정한 리더로 만들고 싶다면, 작은 어항이 아니라 넓은 강물에 방류하듯 키워야 합니다.

승계자에게서 자주 보이는 또 다른 문제는 인재를 알아보는 안목이 부족하다는 점입니다. 직접 인재를 길러 본 경험이 부족하다 보니 명문대 출신, 유명 컨설팅사 출신 등 '스펙' 중심으로 사람을 선택하는 경향이 강합니다. 이들은 지식은 많지만, 실전 경험이 부족해 현실과 동떨어진 계획을 세우기 쉽습니다. 또 논리적이고 말도 잘하고 프레젠테이션도 능숙하다 보니 승계자의 의중을 금방 읽고 맞히므로, 유능하다고 착각하기 쉽습니다. 이런 구조에서는 인재를 평가하는 안목이 점점 흐려질 수밖에 없습니다. 따라서 승계자가 훌륭한 리더로 되려면 다음과 같이 노력해야 합니다.

1. 객관적이고 솔직한 피드백을 줄 수 있는 외부 조언자를 둔다.
2. 실질적인 의사결정을 내리는 경험을 한다.
3. 사람의 능력을 정확히 알아볼 수 있는 안목을 기른다.

리더의 스태프는 리더의 얼굴이다

《초격차》에서 리더는 인체의 '뇌'와 같은 역할을 한다고 언급한 적이 있습니다. 뇌는 안팎에서 들어오는 정보를 인지하고, 그에 따라 조치를 지휘하는 컨트롤 타워입니다. 외부 정보는 모두 오감(시각·

청각·후각·미각·촉각)을 거쳐 들어옵니다. 그런데 촉각을 제외한 네 가지 감각 기관이 왜 모두 뇌에 가까운 얼굴에 몰려 있을까요? 왜 그렇게 진화했을까요?

조직에 비유하면, 최고 책임자를 보좌하는 스태프는 항상 가까운 곳에 있어야 한다는 뜻입니다. 중요한 정보가 생겼을 때 곧바로 전달하려면 물리적·심리적 거리가 짧아야 합니다. 사람은 눈이 나쁘면 안경을 쓰고, 귀가 어두우면 보청기를 사용하듯, 정보가 정확히 들어오도록 꾸준히 조정합니다. 스태프 역시 마찬가지입니다. 그런데 스태프가 사실이 아닌 '자신의 의도'가 섞인 왜곡된 정보를 전달한다면 어떻게 될까요?

더 큰 문제는, 스태프가 역할을 제대로 하지 못해도 '내 의중을 잘 읽는다'라는 이유로 계속 곁에 두는 경영자가 많다는 점입니다. 주변 환경과 상관없이 늘 색안경을 끼고 세상을 보는 것과 같습니다. 그렇게 되면 최고 책임자의 판단은 흐려지고, 조직은 점점 어려운 상황으로 빠질 수밖에 없습니다. 그래서 오너일수록 스태프가 정확한 정보를 주고 있는지, 무엇을 걸러서 말하고 있는지 수시로 확인해야 합니다. 최고 책임자의 스태프는 인체의 눈과 귀에 해당한다는 사실을 잊어서는 안 됩니다. 스태프의 말과 행동 그리고 실력은 최고 책임자의 또 다른 모습입니다.

또 하나 강조하고 싶은 점이 있습니다. 권력을 가진 사람이 약자를 세뇌해 지배하는 것을 요즘 '가스라이팅'이라고 합니다. 그런데 조직에서는 그 반대의 경우도 흔합니다. 부하가 상사를 가스라이팅하는 경우입니다. 부하에게 "어떻게 그런 참신한 아이디어를 내셨습니까?", "역시 대표님은 남다릅니다."라는 말을 반복해서 듣다 보면, 처음에는 민망했던 상사도 어느 순간 자신이 정말 대단한 사람이라고 착각하게 됩니다. 역逆 가스라이팅입니다.

이런 스태프를 가까이 두면 조직 전체가 '업무의 본질'보다 '아부 경쟁'에 빠지기 쉽습니다. 역사에서도 간신이 득세하면 아부가 난무하고 나라가 기울었습니다. 기업도 다르지 않습니다. 조직의 간신을 걸러내는 안목을 갖추는 것, 이것이 리더의 중요한 능력입니다.

상사를 설득하는 방법

가업 승계자를 만나다 보면, 가끔 자기 부친인 회장을 설득해달라는 부탁을 받기도 합니다. 지시받은 일을 자신만의 방식으로 해보고 싶은데 허락받지 못하기 때문이겠지요. 부모 이기는 자식은 있어도 상사 이기는 부하는 없습니다. 냉정하게 말하면 집에서는 부모일지 몰라도 회사에서는 상사입니다. 상사는 모든 권한을 가진 결정권자입니다. 혈육이라는 배경 하나만 믿고 정면으로 "그건 아닙니다."라고 말한다면 돌아오는 건 대부분 미움뿐입니다. 자식조차 그러한데, 일반 직원이라면 말할 것도 없습니다.

역사를 봐도 마찬가지입니다. 조선시대 충신 중에는 사약을 받거나 귀양을 간 사람이 많습니다. 이름은 역사에 남았지만, 결과적으로 자신도 죽고 나라도 어려워지고 백성에게도 도움이 되지 못한 경우가 많았습니다. 성군이라 불리는 왕이 드문 이유가 여기에 있습니다. 절대 권력자에게 "그렇게 하면 안 됩니다."라고 말하는 일은 실제로는 거의 불가능에 가깝습니다. 현대 조직도 크게 다르지 않습니다. 상사에게 정면으로 "이건 잘못됐습니다."라고 말한다고 해서 "그래. 네 말이 맞다."라고 받아들일 사람이 몇이나 되겠습니까? 그렇다고 해서 아부하라는 말은 절대 아닙니다.

설득은 크레디트 축적으로 시작하여 실력으로 완성된다

중요한 것은 상사를 슬기롭게 설득하는 기술입니다. 우선 상사가 시키는 일은 자신의 생각과 다르더라도 상사의 성향에 맞게 빠르고 성실하게 처리해야 합니다. 그런 과정을 통해 상사로부터 크레디트(신임)를 쌓아야 합니다. 크레디트는 하루아침에 생기지 않습니다. 불법한 일이 아니거나 대세에 영향을 주지 않는다면, 더 좋은 방법이 있더라도 일단 지시받은 업무를 확실하고 빠르게 처리하는 것이 중요합니다. 그 자리에서 "그렇게 하는 것보다 이렇게 하는 게 좋습니다."라고 말해봐야 아무런 효과가 없습니다. 특히 회의처럼 사람이 많은 곳에서는 더더욱 효과가 없고, 상사의 기분만 나쁘게 합니다. 공개 석상에서 부하 직원에게 지적받는 것을 좋아하는 사람은 없습니다. 대신 지시받은 일을 꾸준히 책임감 있게 해내면서 신임을 쌓는 것이 중요합니다.

평소에는 자잘한 일이라도 다 들어주는 겁니다. 불합리해 보여도 당장은 "네, 알겠습니다." 하고 신속하게 처리하는 것이 좋습니다. 그렇게 크레디트가 쌓이면 상사는 '저 친구는 믿을 만하다', '무슨 일을 맡겨도 확실히 해낸다'라는 인식perception을 갖게 됩니다. 가랑비에 옷 젖는다는 말처럼, 상사의 지시를 계속 잘 처리하는 횟수, 즉 빈도가 많아지면 자연스럽게 인식이 좋아지게 됩니다. 이렇게 쌓인 크레디트가 상사의 인식을 바꾸고, 언젠가 정말 중요한 안건을 꺼냈을 때 비로소 말이 통하게 됩니다.

설득은 언변이 좋고 논리가 명확하다고 되는 것이 아니라 신뢰와 인식을 바탕으로 적당한 타이밍에 해야 가능합니다. 설령 상사의 지시보다 더 좋은 생각이 있더라도 그 자리에서 바로 말하지 말고, 일정 시간이 지난 후 자연스럽게 제안하는 것이 좋습니다.

"지시하신 일을 하다 보니 이런 아이디어도 떠올랐습니다. 어떻게 생각하십니까?"

이렇게 말하면 상사도 생각해 볼 여지를 갖게 됩니다. 때로는 "그거 괜찮네. 그렇게 해 봐."라는 반응이 돌아올 수도 있습니다. 그때 내가 원하는 방향으로 자연스럽게 바꿀 수 있습니다. 그러나 "그대로 하라."고 하면 군말 없이 그렇게 하는 게 좋습니다. 정면충돌이 아니라, 크레디트를 기반으로 한 설득의 첫 단계입니다. 이것이 바로 상사를 설득하는 방법입니다. 설득은 논리나 말솜씨보다 크레디트를 얼마나 쌓았는가, 좋은 인식을 얼마나 심어두었는가, 언제 말하느냐에 달려 있습니다.

이제 자신이 정말로 추진해야 할 중요한 일을 처리하는 과정입니다. 물론 제안한 안건이 바로 수용되는 경우는 거의 없습니다. 상사는 여러 경로를 통해 제안한 프로젝트의 가능성과 위험 요소를 확인할 것입니다. "왜 이 프로젝트를 해야 하지?", "이런 리스크는 어떻게 관리할 건가?", "성과를 낼 수 있는 근거는 무엇인가?" 같은 질문이 이어집니다. 그때는 이러한 예상 질문에 대비해 구체적이고 논리적인 설명을 준비해야 합니다. 앞서 말한 크레디트가 충분히 쌓인 상태에서 명확한 논리로 설명할 수 있다면, 프로젝트를 시작할 기회를 얻을 수 있습니다. 그런데 많은 경우 준비와 공부 부족으로 답변을 제대로 못 하면, "하는 일이나 똑바로 하세요."라는 답변만 듣게 되고 새로운 프로젝트는 할 수 없게 됩니다. 리스크 및 해결책 등을 철저히 준비해야 허락을 받을 수 있습니다.

특히 오너 상사를 설득하는 일은 훨씬 더 어렵습니다. 월급을 받는 선배 상사라면 식사나 대화를 통해 관계를 쌓을 여지가 있지만, 오너 상사는 그렇지 않습니다. "회장님, 술 한잔 사주시죠." 같은 말을 쉽게 할 수 없지 않습니까? 결국 오너 상사를 설득하는 가장 강력한 방법은 평소의 행적입니다.

팥으로 메주를 쏜다고 해도 믿을 만큼 "그 친구는 시키면 뭐든 해낸다."라는 인식을 심어둔 사람이라면, 어떤 제안도 받아들여질 확률이 높습니다. 반대로 크레디트를 쌓지 못한 사람이 "이 일은 해야 합니다."라고 하면 돌아오는 대답은 늘 같습니다.

"지금 하는 일이나 잘하세요."

평소에는 지시받은 일을 깔끔하게 빨리 처리하고, 정말 중요한 한 건에서만 자신이 원하는 것을 얻어내는 것, 그게 전략입니다. 1점짜리 문제는 틀려도 10점짜리 문제만 맞히면 성공입니다. 한마디로 정리하면 이겁니다. **"빈도**頻度**로 양보하고, 강도**强度**로 확보하라."**

인재의 인성과
능력

어느 조직이나 인재의 능력과 인성에 관한 이슈가 많습니다. 직급이 낮은 직원은 능력 위주로만 평가해도 무리가 없지만, 점차 큰 조직을 맡게 되는 리더급은 업무 능력뿐 아니라 인성도 중요합니다. 조직이 잘 돌아가려면 구성원들의 팀워크가 좋아야 하는데, 그러려면 팀장의 인성이 중요합니다. 스포츠 구단에서 감독도 중요하지만, 경기에서 실제로 뛰는 주장의 역할을 무시할 수 없지요. 그래서 주장은 실력도 있지만, 선수들에게 인정받는 인물이 선정되는 것입니다.

조직은 능력과 인성이 모두 뛰어난 인재를 잘 유지하는 방법을

갖추어야 합니다. 일하는 동기와 기회를 부여하고 충분한 보상을
하는 방안을 마련해야겠지요. 정반대로 능력과 인성에 문제가 있
는 직원은 생각할 것도 없이 퇴출 방안을 마련해야 합니다.

인재 관리에서 정말 힘든 일은 업무 능력은 뛰어난데 인성 문
제가 있는 인력과, 인성은 좋은데 능력이 부족한 인력을 어떻게 관
리해야 하느냐는 것입니다. 후자의 경우에서 업무 능력이 부족하
다면, 왜 그렇게 되었는지 원인을 파악하는 게 우선입니다. 발휘할
기회가 없었던 건지, 실제로 능력이 없는지를 꼭 확인해 봐야겠지
요. 과거에 상사와의 갈등이나 휴직 등의 사유로 실무 과정에서 제
대로 배울 기회가 없었는지 확인하고, 그렇다면 재교육과 훈련을
시킨 후에 다시 판단하면 됩니다. 그 후에도 능력이 향상되지 않는
다면 리더의 자격이 없는 겁니다. 능력이 부족한데도 현재의 위치
까지 왔다면 제도로 보완점을 찾아 개선해야 합니다.

정말로 골치 아픈 경우는 전자입니다. 작은 부서의 리더는 인
성에 문제가 있더라도 상위 상사의 중재로 어느 정도 버틸 수 있지
만, 고위직 리더라면 조직 전체를 망치는 일이 발생합니다. 태생적
인성은 어린 시절에 형성된 성격이라 고치기 힘들지 모르지만, 조
직 생활을 하면서 얻은 후천적 인성은 주로 상사들이 훈련을 잘 못
시킨 탓도 있습니다. 일을 잘한다고 상사가 편애하거나 칭찬이 과

도하면, 자신이 최고인 줄 알고 오만해지면서 점차 다른 사람들의 의견을 무시하는 태도가 생깁니다. 간부 초기에 그런 성향이 보이면 지속적으로 야단치고 충고하여 좋은 리더로 바꾸어나가야 하는데, 때를 놓치면 고치기가 힘듭니다. 그런 사람이 최고 책임자가 된 상황이라면 빨리 교체하는 것이 조직을 위해 좋습니다.

스타트업 창업자는 인성이 아닌 능력 문제로 고민하는 인력도 있습니다. 주로 함께 창업한 동료입니다. 창업 초기에는 인재를 구하기가 어려워 능력이 조금 떨어지는 인력도 활용할 수밖에 없었지만, 회사가 성장하면서 규모가 커지면 조직을 운영할 능력이 부족한 창업 동료가 도드라져 보입니다. 창업 후 오랫동안 함께 고생하면서 정이 쌓인 동료와 외부에서 유치한 유능한 인재 사이에서 누구를 책임자로 해야 할지 고민이 생기는 것은 당연하지요. 게다가 창업 동지로 주식 지분도 갖고 있으면 정리하기가 더욱 힘들어집니다.

능력이 부족한 사람이 조직을 맡게 되면 유능한 부하가 많더라도 조직은 무너집니다. 요즘 잘나가던 회사가 어려워진 경우를 많이 보고 있지 않습니까? 제가 창업자에게 하는 조언은 재정적 여유가 있다면 지분에 해당하는 금액 이상으로 보상하고, 퇴사 후 다시 창업하라고 권유하라고 합니다. 만약 그게 안 되면 대표 직속으로 소수 인원의 팀을 만들어 현업에 지장을 주지 않는 특수 임무만을 수행하게 하는 겁니다. 다시 말해 직위는 유지하여 예우는 하되, 직책은 실제 업무에서 배제하는 것이지요.

영입 인재가 성과를 내지 못하는 이유는 무엇일까?

패스트 팔로어 시대에는 빠르고 일사불란하게 움직이는 조직이 효과적이었습니다. 하지만 퍼스트 무버 시대에는 그런 조직이 오히려 '우물 안 개구리'처럼 고립되기 쉽습니다. 새로운 길을 개척하려면 다른 경험을 가진 인재를 받아들이고, 그들을 포용할 수 있는 문화가 필요합니다.

대기업은 물론 중견·중소기업도 마찬가지입니다. 새로운 사업을 시작하거나 기존 사업을 확대할 때, 내부 인력만으로는 한계가 있습니다. 그래서 외부 인재가 필요합니다. 실제로 대기업은 해외에서, 중견·중소기업은 대기업에서 인재를 영입하는 경우가 많습니다. 그러나 성공적인 사례는 의외로 많지 않습니다. 스타트업 창업자나 중소·중견기업 회장들이 공통으로 하는 말이 있습니다. "좋은 인재라고 해서 영입했는데, 기대만큼의 성과를 내지 못하니다." 그 이유는 무엇일까요?

첫째, 외부에서 온 인재가 의도하지 않았더라도 이전 직장과 비교하며 우월감을 드러내는 경우가 많습니다. 더 큰 기업에서 영입한 리더가 새로운 직장에서 이전 직장의 방식과 잣대를 들이대는 경우가 그렇습니다. 그러다 추진하던 시도가 실패하면, 자신은 유능한데 이를 실행하는 구성원들이 무능하다는 식으로 자신을 변호합니다. 이렇게 되면 기존 직원들의 반발을 사게 되고, 조직의 팀워크는 금세 무너집니다. 리더는 '네 탓이요'가 아니라 '내 탓이요'라는 자세로 일해야 합니다. 능력은 자기가 평가하는 것이 아니라 다른 사람이 평가하는 것입니다.

둘째, 대기업에서 한정된 업무만 하던 사람은 중소기업처럼 다방면을 담당해야 하는 환경에 잘 적응하지 못합니다. 대기업은 시스템이 잘 짜여 있어 자기 전문 분야의 일만 잘해도 좋은 평가를 받습니다. 하지만 규모가 작은 회사에서는 해야 할 일의 영역이 훨씬 넓습니다. 대기업에서 개발만 하던 사람이 중소기업에서는 개발과 제조를 동시에 해야 하니, 당연히 적응이 쉽지 않습니다.

셋째, 영입 인재의 경력을 과대평가해 과도한 조직을 맡기는 경우입니다. 결국 조직 관리에서 무너집니다. 저는 새로 부임한 관리자에게 이전 직장에서 관리했던 인원의 2~3배 수준으로 조정합니다. 20명을 관리하는 방법과 200명을 관리하는 방법은 차원이 다릅니다. 업무 능력과는 별개로, 조직 관리는 전혀 다른 기술입니다. 따라서 적정 규모의 인원을 맡겨 역량을 증명했을 때 조직의 규모를 늘려줘야 합니다.

인재를 영입할 때
무엇을 확인해야 하는가?

외부 인재를 영입하는 일은 조직의 발전을 위해 필요할 때가 있습니다. 그러나 그 전에 반드시 확인해야 할 것이 있습니다. 내부 인재에게도 충분한 성장 기회를 주었는지, 그리고 그 기회 속에서도 역량이 왜 기대만큼 성장하지 않았는지를 먼저 점검해야 합니다. 이러한 과정 없이 외부 인재를 데려오면 내부 인재는 말하지 않더라도 깊은 박탈감을 느끼게 됩니다.

영입된 인재 역시 쉽지 않은 정착 과정을 겪게 됩니다. 소위 '낙하산 인사'로 여겨져 조직 내에서 환영받기 어렵고, 결과적으로 성공할 가능성도 낮아집니다. 그렇게 되면 영입 인재는 능력을 발휘하지 못하고, 기존 인재는 의욕을 잃으면서 능력을 발휘하지 않고 능동적으로 일하지 않게 됩니다. 결국 산토끼도 못 잡고 집토끼도 놓치는 상황이 벌어질 수 있습니다.

특히 사장이나 사업부장급 고위직을 영입할 때는 더욱 신중해야 합니다. 최고 책임자가 직접 결정을 내리면, 영입된 인재의 능력이 기대에 미치지 못하더라도 부하들이 이를 보고하기 어렵습니다. 최고 책임자가 뽑은 사람인데, 잘못되었다고 말하기가 쉽지 않기 때문입니다. 따라서 이력서에 적힌 스펙이나 소개자의 추천만으로 영입하지 말고, 면접 과정에서 구체적인 질문으로 실제 능력과 인성을 직접 확인해야 합니다.

첫째, 실패·적자 혹은 신규 사업의 경험 유무를 확인해야 합니다. 만약 그런 경험이 없다면, 능력이 뛰어난 것이 아니라 시키는 일만 했거나 비교적 쉬운 업무만 맡았을 가능성이 높습니다.

둘째, 성공한 프로젝트가 있다면 구체적으로 어떤 역할을 맡았고, 어떤 공헌을 했는지 확인해야 합니다. 참여한 프로젝트의 성과를 모두 자기 공으로 포장하는 경우가 있기 때문입니다.

셋째, 직접 관리했던 직원의 수를 확인해야 합니다. 이 질문은 맡기려는 사업의 규모를 감당할 수 있는 조직 관리 능력이 있는지를 판단하기 위한 것입니다.

넷째, 마지막 상사가 누구였는지를 물어봐야 합니다. 이는 인성을 파악하기 위한 질문입니다. 고위직은 업무 능력도 중요하지만, 인성은 더 중요합니다.

다섯째, 왜 그 자리에서 멈추게 되었는지를 물어봐야 합니다. 이 질문은 상대방에게 다소 불쾌할 수 있지만, 그가 어떤 한계나 부족한 면이 있는지 파악할 수 있는 중요한 단서가 됩니다.

외부 인재를 영입하기로 했다면 해야 할 일과 기대하는 역할을 명확히 알려주고, 무엇보다 전 직장과 비교하는 말이나 행동은 절대 하지 않도록 요청해야 합니다. 또한 일을 잘한다고 판단되면 전폭적으로 지원해 주어야 합니다. 새로운 환경에 안정적으로 적응하도록 도와야 그 인재의 능력이 조직 안에서 온전히 발휘됩니다.

미래를 위해 전향적인 조직을 구성할 때는, 우수 인재 한 사람 한 사람을 전략적으로 바라봐야 합니다. 외부 인력을 데려온다고 해서 반드시 좋은 결과가 생기는 것은 아닙니다. 그들의 업무 적응력, 조직 내 소통 방식, 그리고 조직의 크기와 구조까지 종합적으로 고려해야 합니다.

다시,
초격차를 향해

리더십의 부재, 지금 전 세계가 공통으로 겪고 있는 고민입니다. 국제 갈등은 말할 것도 없고, 국내 문제조차 제대로 해결하지 못하는 나라들이 허다합니다.

21세기에 들어서면서 세계는 금융위기, 무역 분쟁, 팬데믹, 지정학적 갈등 등 수많은 사건을 거쳤습니다. 그 결과 정치·경제·사회 전반에서 긴장과 갈등이 고조되고, 불확실성은 점점 커지고 있습니다. 지난 수십 년 동안 유지되던 국제 질서는 무너졌고, 새로운 질서가 어떤 형태로 정착될지 누구도 예측하기 어렵습니다.

지금은 상식이 변하는 뉴 노멀(New Normal, 새로운 기준의 시대)

시대가 아니라, 상식이 무너지는 뉴 앱노멀(New Abnormal, 비정상이 일상이 된 시대) 시대가 되었습니다. 일부 경제학자들은 "자본주의가 붕괴하기 시작했다."라고도 말합니다. 언젠가는 안정을 찾겠지만, 당분간은 정글의 법칙이 작동하는 혼란이 계속될 것입니다.

디지털 기술의 발전으로 세상은 언제 어디서나 연결되어 있습니다. 하지만 이러한 형태의 연결은 '끼리끼리'와 '편 가르기' 문화로 이어졌습니다. 다양한 의견을 낼 수 있는 중도층은 감소하고, 양극단의 집단만이 존재하는 사회가 되고 있습니다. 서로 대화는 하지 않고 비난만 쏟아내는 상황이 되면서 갈등은 점차 증폭되고 있습니다. 일부 정치인들은 이런 내부 갈등을 잠재우기 위해 문제의 원인을 외부로 돌리지만, 그럴수록 국제정세는 더 복잡해집니다.

우리나라도 예외는 아닙니다. 성장의 정체와 부의 양극화 속에서 계층·세대·성별 간의 갈등이 누적되며 사회 분열이 더욱 심해지고 있습니다. 그 어떤 문제도 뚜렷한 해결의 기미가 보이지 않습니다. 지금 우리 리더들이 가장 먼저 해야 할 일은 사회 갈등을 해소하는 일이지만, 아무런 노력도 진전도 없어 보입니다. 오히려 'all or nothing(전부를 얻거나 아무것도 얻지 못하는)' 게임을 하고 있습니다. 자기 생각만 옳고 남의 생각은 모두 잘못되었다는 착각을 하고 있습니다. 각 분야의 리더십이 실종되었다고나 할까요? 역사를 돌아보면, 한 조직이 쇠퇴하거나 멸망한 이유는 대부분 외세 때문이 아니라 내부 붕괴 때문이었습니다. 이 단순한 진실을 잊지 말아야 합니다.

한편으로 급속히 발전하는 AI 기술이 인간의 지식 영역까지 깊숙이 파고들며 산업뿐 아니라 일상 전반에도 지대한 영향을 미치고 있습니다. 그 결과가 유토피아가 될지, 디스토피아가 될지는 아무도 모릅니다. 지금은 사회 질서의 혼란기이자 기술의 전환기가 겹친 대변혁의 시대입니다.

역사적으로 변혁기에 대비하지 못한 조직은 위기를 맞았지만, 대비한 조직은 도약의 기회를 잡았습니다. 위대한 기업과 혁신적인 아이디어는 대부분 이런 변혁기에 탄생했습니다. 아무도 시도하지 않은 일이기에 경쟁자가 없고, 설령 실패하더라도 잃을 것이 없기 때문입니다.

왜 한국은 더 이상 뛰지 못하는가?

"새 술은 새 부대에 담아야 한다."라는 말처럼, AI 시대에는 새로

   다시, 초격차

운 제도를 준비해야 앞으로도 발전할 수 있습니다. 현재 우리나라는 그런 방향으로 나아가고 있나요? 한국은 한때 대만·홍콩·싱가포르와 함께 '아시아의 네 마리 용'으로 불리며 경제 발전의 기적을 이루었습니다. 반도체·IT·자동차·조선·철강·화학 등 주요 산업에서 세계적 초일류 기업들을 배출하며 선두주자로 자리 잡았습니다. 그러나 최근에는 역동성을 잃고 후발주자에게 밀리는 모습이 보입니다. 변화의 속도에 대응할 준비가 부족했던 탓일 겁니다. 과거의 성공에 도취해 자만하고 안주한 것은 아닐까요? 그럴수록 추락은 더 빨라집니다.

소설 《거울 나라의 앨리스》에서 유래한 '붉은 여왕 효과(Red Queen Effect, 같은 자리에 머물기 위해서라도 끊임없이 달려야 하는 상황)'가 있습니다. 주변 환경이나 경쟁 대상이 빠르게 변하면, 그보다 더 빨리 변하고 적응해야 생존하고 성장할 수 있다는 의미입니다. **우리가 비교해야 할 대상은 과거의 우리가 아니라 지금의 경쟁자입니다. 변화의 속도에 앞서지 못하면 결국 도태될 수밖에 없습니다.**

현재 우리 사회는 정치권·정부 부처·기업·노동계·교육계 등 모든 영역이 각자의 사일로를 쌓고 있습니다. 각자 자기 목소리만 내며, 미래를 위한 대화와 토의는 실종된 상태입니다. 미래를 대비한 정책과 제도를 만들어야 하는 이해관계자들이 자기 집단의 이익만 챙기려는 모습을 보여 안타까울 뿐입니다. 제도가 미래지향 적이지 않고, 그때그때의 문제만 일시 봉합하는 수준이라면 근본 적인 해결은 점점 멀어집니다. 일부 리더는 "문제가 생기면 그때 고 치면 된다."라고 말하지만, 그것은 무책임한 태도입니다. 산업 생 태계는 한 번 무너지면 복구에 막대한 시간과 비용이 듭니다. 새로 운 환경에서는 영원히 회복되지 않을지도 모릅니다. 특히 우리나 라 경제의 근간인 제조업은 더욱 그렇습니다. 자연환경이 파괴되 면 복원이 어려운 것처럼, 산업 기반도 마찬가지입니다.

최근 미국이 붕괴한 제조업 생태계를 되살리기 위해 무리한 방 법을 쓰는 것을 우리는 실시간으로 목격하고 있습니다. 미국은 초 강대국의 영향력으로 이를 추진할 수 있지만, 우리는 그런 여력이 없습니다. 우리가 가진 유일한 자산은 사람입니다. 인재의 활용도 를 극대화할 수 있는 시스템이 필요합니다.

우리나라의 미래를 짊어질 청년 세대의 실업률은 여전히 높습 니다. 부모 세대보다 나은 삶을 기대하기 어렵다며 '헬hell조선'이라 는 말까지 나옵니다. 현재 제도에서도 이미 청년 세대는 피해자지 만, 미래를 준비하지 못한다면 그 피해는 더욱 커질 것입니다. 우리 선배 세대는 미래를 위해 자신을 희생했고, 그 결과 우리는 선진국 문턱까지 왔습니다. 그러나 지금의 리더들은 오히려 기득권을 지키기 위해 미래를 희생하고 있지는 않은지 돌아봐야 합니다.

뉴 앱노멀 시대에는 변화에 끌려가는 대응형reactive **리더가 아 니라, 변화와 혁신을 선도하는 주도형**proactive **리더가 필요합니다.** 이런 심각한 상황에서 우리나라 발전을 위해 정부, 기업, 대학 등 모든 분야에서 기본으로 돌아가야 합니다back to the basic. 정부는 우리나라가 미래에 지향하는 목적과 목표를 세우고, 이를 수행할 정책·제도·인프라를 만들어야 합니다. 정권이 바뀌어도 일관성을 지키는 추진력이 필요합니다. 그동안 수많은 정책이 수립되었지 만, 뚜렷한 결과가 없었던 이유는 바로 일관성과 연속성이 부족했 기 때문입니다.

AI 시대, 누가 한국을 '초격차 국가'로 이끌 것인가?

물론 정부만 탓할 수는 없습니다. 기업도 비슷한 모습을 보여주고 있습니다. 기업 역시 새로운 사업을 발굴하고 추진할 수 있는 기업 가정신을 되살리기 위한 제도적 기반을 마련하는 것이 시급합니다. 제가 《초격차》 에필로그에 썼던 문장을 다시 인용해 보겠습니다.

"저는 이제 물러날 때가 왔습니다. 경영을 책임졌던 사람으로서 아직 모순이 잔존해 있는 인사 시스템, 평가 시스템, 그리고 훈련 교육 시스템을 새롭게 바꾸어 보고 싶었는데 그 일을 완결시키지 못한 것 같아 작은 아쉬움이 남습니다. 저는 우리 한국 사회가 미래를 향해 진일보하기 위해서는 이 세 가지 경영의 모순을 혁파해야 한다고 생각합니다."

벌써 8년이란 세월이 지났지만, 변한 것은 거의 없습니다. 오히려 더 퇴보한 것처럼 보이기도 합니다. 이제는 인사·평가·훈련 교육제도뿐만 아니라 기업의 지배구조에도 변화가 필요합니다. 우리나라 대기업은 지나치게 정체되어 있습니다. 돌궐족 장수가 남긴 말처럼 "성을 쌓는 자는 망할 것이며, 끊임없이 이동하는 자만이 살아남을 것이다."라는 교훈을 되새겨야 할 시점입니다. 대학도 단순히 지식을 전달하는 조직이 되어서는 안 됩니다. 스스로 질문하고, 사고하고, 협력할 줄 아는 인재를 길러내야 합니다.

우리에게 주어진 시간은 이제 많지 않습니다. 기존 선진국과 완전히 다른 전략으로 등장한 '특수 국가'인 중국이라는 커다란 변수가 등장했기 때문입니다. 과거 경쟁 상대였던 일본과는 전혀 다른 모습으로 중국은 우리를 압도하고 있습니다. 중국은 창업가들의 기업가정신, 엄청난 수의 유능한 인재, 그리고 정부의 일관된 정책과 적극적인 지원이 결합되어 반도체 산업을 제외한 거의 모든 분야에서 이미 우리와 대등하거나 앞서 있습니다. 지금과 같은 추세라면 반도체 산업도 곧 추월당할 수도 있습니다. AI, 전기자동차, 로봇, 우주항공 등 최첨단 산업에서는 이미 퍼스트 무버가 되었고, 오히려 우리가 쫓아가야 하는 실정입니다. 그럼에도 정부·기업·대학 모두 새로운 환경을 주도하기는커녕, 제대로 대응조차 하지 못하고 있습니다.

그렇지만 젊은 세대에게서 희망을 봅니다. 그들은 특별한 지원이 없었지만 자신들의 아이디어와 도전 정신으로 K-팝을 개척하고, 이어서 드라마·영화·음식·화장품 등 K-컬처를 세계에 알리고 있습니다. 그야말로 K-신드롬입니다. 지금까지 우리나라의 제조업이 '하드 파워hard power'를 보여주었다면 K-컬처는 '소프트 파워soft power'를 보여준 셈입니다. 이처럼 우리에게는 분명히 잠재력이 있습니다. 이 잠재력을 실제 실력으로 끌어올리기 위해서는 미래를 설계할 리더와 제도가 절실합니다.

우리나라는 지금 선진국 진입의 문턱에 서 있습니다. 그러나 현재의 제도와 리더십으로는 그 문턱을 넘기가 쉽지 않을지도 모릅니다. 정부를 비롯해 기업과 대학이 새로운 시대에 걸맞은 제도를 구축하고, 그것을 실천할 진정한 리더가 필요합니다. 이제 리더는 일이 잘되면 내 덕이고, 잘못되면 네 탓이라고 말하는 자세에서 벗어나야 합니다. **정부는 미래를 위한 제도와 정책을 만들고, 기업은 기업가정신으로 재무장하며, 대학은 유능한 인재를 육성해야 합니다. 그래야만 우리는 AI 시대에 '초격차 국가'로 도약할 수 있습니다.**

이 길을
함께해준 분들에게

삼성전자는 제가 30년 이상 근무한 삶의 터전이었고, 경영의 지혜를 얻은 배움터였습니다. 그런 기회를 제공한 삼성전자와, 반도체 불모지에서 시작해 '초격차' 달성까지 함께 일했던 선후배와 동료들에게 감사드립니다.

현업에서 은퇴한 후, 경영을 하며 쌓았던 경험과 노하우, 경영 원칙과 철학을 스타트업 창업자들과 공유하는 모임을 가지던 중 '스마일게이트' 창업자 권혁빈 회장을 만나게 되었습니다. 그는 10년 이상 후배 스타트업 창업자들을 후원해왔고, 이를 체계적으로 지원하기 위해 '오렌지플래닛' 창업 재단을 설립했습니다. 저도 젊은 창업자를 도와야 한다는 취지에 공감하여 재단 이사장으로 합류했고, '초격차 아카데미'라는 멘토링 프로그램을 시작했습니다. 재단을 만들고 재정적 지원을 하는 권혁빈 회장, 그리고 아무런 대가 없이 봉사하는 재단 이사진에게 감사드립니다.

'초격차 아카데미'는 스타트업 창업자를 위한 SOS Stars Of Start-ups, 가업 승계자를 위한 BTS Better Than Seniors 두 그룹으로 운영되고 있습니다. 참여자들과 서로 질문하고 토론한 내용 덕분에 이 책이 나올 수 있었습니다. 이외에도 '청출어람', '유니콘', '데카콘', '초격차.x' 등 여러 모임에 참여하신 분들에게도 감사드립니다.

은퇴 후에는 여유롭게 지내자는 약속을 못 지키고 있지만, 항상 응원과 격려를 아끼지 않는 아내 김미경에게 고마움을 보냅니다.

저자 소개

권 오 현 權五鉉

오렌지플래닛Orange Planet 창업재단 이사장
(前 삼성전자 종합기술원 회장)

삼성전자 '반도체 신화'를 만들어낸 일등공신이자 전문 경영인으로, 연구원으로 입사하여 삼성전자 회장까지 오른 신화적 인물이다. 변화와 혁신의 물결 속에서 전 세계가 극심한 초경쟁 사회로 진입한 시기에 삼성전자를 초일류 기업으로 도약시킨 탁월한 리더십의 소유자로 높이 평가받는다. 끈기와 집념이 강한 원칙주의자이지만, 동시에 의전이나 불필요한 회의를 싫어하고 열린 마음으로 임직원과 대화하는 것을 즐기는 리더로 알려져 있다.

1985년 스탠퍼드대학교에서 전기공학 박사학위를 취득한 후 미국 삼성반도체 연구소 연구원으로 삼성에 입사했다. 1992년 '세계 최초'로 64Mb DRAM 개발에 성공하며, 이후 삼성전자가 걸어온 '초격차 전략'의 실질적 토대를 마련했다. 2008년 반도체 사업부 총괄 사장을 거쳐 2012년 삼성전자 대표이사 부회장 겸 DS Device Solution 사업부문장에 올랐다. 그의 진두지휘 아래 삼성전자는 2017년 인텔을 제치고 세계 반도체 1위 기업에 오르는 실적을 기록했다.

2018년 경영 일선에서 물러난 뒤에는 삼성전자의 차세대 기술을 연구하는 종합기술원 회장으로 재직하며 경영 자문과 인재 육성에 힘을 쏟았다.

현재 오렌지플래닛 창업재단의 초대 이사장으로서 스타트업 지원과 멘토링을 하고 있으며, 기획예산처 중장기전략위원회 위원장을 맡고 있다.

다시, 초격차 AI 시대에 차이를 만드는 격

2026년 3월 3일 초판 1쇄 발행

지은이 권오현
펴낸이 이원주

책임편집 김유경 **디자인** 윤민지
기획개발실 강소라, 강동욱, 박인애, 류지혜, 고정용, 최연서, 이채은
마케팅실 정주호, 신하은, 현나래, 이홍균, 양봉호, 박미진, 권금숙, 양근모
디자인실 진미나, 정은예 **디지털콘텐츠팀** 최은정 **해외기획팀** 우정민, 배혜림, 정혜인
경영지원실 강신우, 김현우, 이윤재 **제작실** 이진영
펴낸곳 (주)쌤앤파커스 **출판신고** 2006년 9월 25일 제406-2006-000210호
주소 서울시 마포구 월드컵북로 396 누리꿈스퀘어 비즈니스타워 18층
전화 02-6712-9800 **팩스** 02-6712-9810 **이메일** info@smpk.kr

쌤앤파커스(Sam&Parkers)는 독자 여러분의 책에 관한 아이디어와 원고 투고를 설레는 마음으로 기다리고 있습니다. 책으로 엮기를 원하는 아이디어가 있으신 분은 이메일 book@smpk.kr로 간단한 개요와 취지, 연락처 등을 보내주세요. 머뭇거리지 말고 문을 두드리세요. 길이 열립니다.